TOEIC 더
나쁜강의
네시간 리스닝 편

TOEIC 더

나쁜강의 네 시간 리스닝 편

1판 1쇄 발행 2006년 5월 10일
2판 1쇄 발행 2012년 6월 5일
2판 4쇄 발행 2015년 11월 24일

지은이 김형용

발행인 양원석
본부장 김순미
책임편집 유정윤
제작 문태일
영업마케팅 이영인, 정상희, 김민수, 장현기, 정미진, 이선미

펴낸 곳 ㈜알에이치코리아
주소 서울시 금천구 가산디지털2로 53, 20층 (가산동, 한라시그마밸리)
편집문의 02-6443-8800   **구입문의** 02-6443-8838
홈페이지 http://rhk.co.kr
등록 2004년 1월 15일 제2-3726호

ⓒ김형용, 2012
Printed in Seoul, Korea

ISBN 978-89-255-4692-6 (14740)

TOEIC 더
나쁜강의
네시간 리스닝편

김형용 지음

RHK
두앤비컨텐츠

빨리 맞혀라
빨리 틀려라
아니면 빨리 포기하라

– 착한 강사 김형용

●

가장 좋은 건 빨리 맞히는 것,
다음으로 좋은 건 빨리 틀리는 것이다.
한참 생각해서 맞히는 것은 차라리 빨리 틀리는 것보다 더 손해가 크다.

토익 문제의 30%는 이 책의 〈나쁜 요령〉을 단순히 일대일 대입하는 것만으로도 풀린다.
실전문제를 통해 요령 적응훈련을 하면 적어도 60% 이상의 문제가 저절로 풀린다.

●

몇 문제에서 시간을 끌다가, 풀 수 있는 문제를 놓치는 건 어리석은 일이다.
〈요령〉을 몰라서 자신이 가진 실력도 다 발휘하지 못하는 건 더 어리석은 일이다.

"안녕하세요! 이제부터 〈나쁜강의〉를 시작할 〈착한강사〉 김형용입니다"

먼저 〈토익 나쁜강의 네시간〉 시리즈에 열렬한 성원을 보내주신 15만여 독자 여러분께 깊은 감사의 말씀을 드립니다. 〈토익 나쁜강의 네시간〉은 일반 학습서와는 다른, 상당히 새로운 시도였음에도 불구하고 '토나네 폐인'이라는 말이 등장할 정도로 뜨거운 성원을 받았습니다. 이는 간단명료하면서도 핵심과 정곡만을 찌르는 뛰어난 효율성과 실제시험에서 100% 맞아떨어지는 놀라운 적중률 때문이라고 믿습니다. 이전에 말씀드린 바와 같이 막막하고 혼란스러운 토익 준비과정에서 최소한의 시간과 노력의 투자로 최대한의 성과를 거두게 도와드려야 한다는 믿음은 항상 변함이 없습니다. 이번 개정판은 거의 모든 학습자들이 이미 MP3 파일을 이용하고 있어 사용자가 거의 없는 테이프을 책에서 제외시키고 일부 지문의 연도 등을 수정하여 새롭게 출간한 것입니다. 토익의 출제원리와 패턴을 그대로 반영하고 있는 대부분의 주 내용은 해가 바뀌어도 전혀 변함없이 위력을 발휘하고 있습니다.

토익 시험에 관한 저의 일관된 주장은 '토익은 학문이 아니라 영어로 보는 상식시험이다'라는 것입니다. 토익은 오랜 시간 깊이 탐구해야 하는 학문이 아니라, 일상생활과 비즈니스 현장에서 자주 쓰이는 생활영어능력을 테스트하는 실용영어시험일 뿐입니다. 영어에 대한 기본적인 능력을 측정하는 일종의 도구일 뿐이므로 자신이 목표로 하는 점수만 획득하면 됩니다. 즉, 자신에게 요구되는 영어능력을 증명해 보이기 위한 수단이나 목표지 그 자체가 목적일 수는 없고 또한 그래서도 안 됩니다. 영어실력과 토익점수가 항상 일치하지만은 않기 때문입니다.

토익을 준비할 때 가장 중요한 것은 효율성입니다. 영어에 대한 탐구 그 자체가 목적이 아니라면, 시험에 출제되지도 않고 실제로 거의 쓰이지도 않는 온갖 잡다한 영어지식을 무조건 공부하라고 하는 것은 토익 외에도 많은 것을 준비하기 위해 시간을 쪼개 써야 하는 수험자들에게 또 하나의 고통만 안겨주는 셈입니다. 토익은 실생활에서 자주 쓰이는 표현만을 출제하며 그 내용과 패턴 또한 매우 반복적입니다. 그것이 토익의 존재 이유이자 한계이기도 합니다. 〈토나네〉의 우수성은 복잡하고 어렵기만 한 이론공부나 방대한 분량의 학습을 하지 않고도 문제를 쉽게 해결하고 목표 점수를 달성하게 해드리는 데 있습니다. 전혀 알지 못하는 새로운 것을 힘들여 학습하지 않더라도 현재 자신이 가지고 있는 능력—많은 사람들이 자신의 영어실력을 너무 과소평가하는 경향이 있습니다—을 200% 발휘할 수 있게 된다면 분명 자신이 목표로 하는 성과를 얻을 수 있게 될 것입니다.

기존의 〈토나네〉는 700~800점에 가장 빨리 도달하는 것을 목표로 삼았습니다. 하지만 보다 충분한 훈련을 할 수 있었으면 하는 많은 독자 여러분들의 소망을 충분히 반영하여 〈TOEIC 더 나쁜강의 네시간〉은 초보자라도 900점대까지 이를 수 있게 초강력 엔진과 함께 보다 풍부한 문제를 담았습니다. 이 작은 책 속에 토익에 관한 모든 핵심과 정곡을 다 담으면서 명확하고 쉬운 설명과 풍부한 실전문제까지 한꺼번에 해결할 수 있도록 했습니다. 물론 〈토나네〉만의 독창적이면서 간단명료한 내용과 편집, 그리고 디자인에는 크게 변화가 없습니다. 사실 성능을 대폭 강화하면서도 몸체를 계속 가볍게 유지하는 것은 매우 어려운 작업이었습니다. 덩치만 크고 기름을 많이 먹는 데다 성능은 그저 그런 자동차와 아주 가볍고 작지만 엄청난 파워와 편리한 기능에 연비까지 우수한 스포츠카를 비교한다면, 어느 것이 만드는 데 더 많은 기술과 노력이 필요할까요?

그동안 〈토나네〉만 공부하고서도 평균 150~200점이 올랐다는 메일을 많은 독자들로부터 받았습니다. 이제는 그 정도에 만족하지 않겠습니다. 개개인에 따라 향상 폭은 차이가 있을 수 있겠지만 400~700점대는 800~900점대까지 끌어올려, 적어도 200~300점 이상 오르게 하겠다는 구체적인 목표를 감히 밝히고자 합니다. 평범한 책이라면 결코 만들지 않았을 겁니다. 이것이 저 혼자만의 희망이 아님을 독자 여러분들께서 증명해주실 것으로 믿습니다. 그럼 이제 〈TOEIC 더 나쁜강의 네시간〉의 세계로 출발해볼까요?

★ TOEIC 구성

L/C	내용 / 45분	문항수 / 495점 만점
파트1	사진묘사	10
파트2	질의응답	30
파트3	짧은 대화	30(지문 10개)
파트4	설명문	30(지문 10개)
R/C	내용 / 75분	문항수 / 495분 만점
파트5	문법/어휘	40
파트6	장문 공란 메우기	12
파트7	단일지문 유형	28(지문당 2~5문항)
	복수지문 유형	20 (지문당 최대 5문항)
	총 120분	총점 990점

– Speaking, Writing Test는 별도로 실시

1. Part 1 : 사진을 묘사하는 10문항으로 구성되어 있습니다!

전체 L/C 파트에서 상대적으로 가장 쉬운 Part 1로 많은 수험자들이 소홀히 해도 된다고 생각하는데 결코 그렇지 않습니다. 병행해서 실시되고 있는 Speaking Test에서는 사진과 관련된 설명을 수동적으로 듣고 푸는 것이 아니라 수험자가 능동적으로 사진에 있는 상황을 영어로 설명해야 합니다. 이미 〈토나네〉를 통해서 제가 강조한 대로 이제는 그저 반복해서 듣는 수동적인 학습에서 벗어나서 정확한 발음으로 따라 읽으면서 적극적으로 Speaking 훈련을 해야 합니다. Speaking Test를 떠나서 일상생활에서 가장 자주 접하는 상황을 묘사하는 Part 1

표현들은 Listening과 Speaking의 기본이 됩니다. Part 1을 통해서 기초를 확실히 다져두면 L/C 파트의 기본점수를 확실히 확보하는 것은 물론이요, Speaking Test의 상당 부분까지 대비가 되는 것입니다. 결론적으로 Part 1의 비중은 Speaking Test를 감안하면 굉장히 높다고 봐야 합니다.

2. Part 2: 질의응답 문제로 구성되어 있습니다!

토익 초창기부터 포맷이나 출제패턴이 거의 변화가 없는 파트로 L/C에서 가장 기본적이면서 중요한 파트라고 할 수 있습니다. 총 30문항으로 정답/오답 패턴이 매우 명확하고 반복적이어서 그 정곡을 파악하면서 학습하는 것이 매우 중요합니다. L/C 전 영역에서 미국식 이외에 캐나다, 영국, 호주식 영어가 골고루 구사되지만, 특히 Part 2는 짧은 문답 형식이므로 각각의 발음과 악센트의 특징에 유의하면서 학습하는 것이 필요합니다.

3. Part 3: 짧은 대화 유형의 문제로 한 지문당 3문제가 출제됩니다!

한 개의 대화를 듣고 관련된 세 문항을 푸는 방식으로 총 10개의 대화에 30문항이 제시됩니다. 대부분 A-B-A-B 형식의 대화이지만, 간혹 A-B-A 형식의 대화도 나옵니다. 대화의 주요 내용을 잘 기억하는 것이 매우 중요하므로 미리 질문을 읽고 어떤 부분에 집중해야 하는지 먼저 파악하고 듣는 것이 무엇보다 중요합니다. 또한 대화 중에 정답이 확인되면 바로 문제지에 표시해서 기억의 부담을 더는 것도 요령입니다.

4. Part 4: 긴 설명문 유형의 문제로 한 지문당 30문항이 출제됩니다!

출제 문항 수와 패턴은 Part 3와 거의 유사합니다. Part 3와 같이 하나의 지문을 듣고 관련된 세 문항을 푸는 방식으로 총 10개의 지문을 듣고 30문항을 풀게 됩니다. 다만, 두 사람의 대화를 듣는 Part 3와 달리 Part 4는 한 사람이 긴 설명문을 들려줍니다. 역시 지문을 들을 때는 이해했지만 문제를 풀 때 기억이 나지 않거나 헷갈리기 쉬우므로 지문을 듣기 전에 미리 문제를 파악하고 정답이 확인될 때 바로 처리하는 것이 매우 유리합니다.

5. 미국 영어뿐만 아니라 캐나다, 영국, 호주식 발음과 악센트의 영어도 들려줍니다.

TOEIC은 국제적인 의사소통 도구로써 영어능력을 측정하기 위한 시험인데 기존의 편향된 미국 영어만의 출제는 국제무대에서 실제 부딪히는 다양한 영어에 적응하는 데 문제가 있다는 비판을 받아왔습니다. 그래서 현실을 반영하여 2006년경부터 다양한 영어 사용국의 발음과 악센트를 추가하기에 이르렀습니다. 하지만 캐나다 영어는 크게 보아 미국 영어에 포함되며 실제 발음과 악센트도 거의 차이가 없기 때문에 문제가 없습니다. 호주 영어도 영국 영어가 건너간 것이고 발음과 악센트도 영국 영어와 대동소이하기 때문에 간단하게 정리하면 기존의 미국 영어에 영국 영어가 가미되어 들려진다고 보면 됩니다. 영국식 영어의 발음과 악센트는 나중에 자세히 설명하겠지만 미국 영어처럼 연음이 심하지 않고 철자대로 또박또박 발음하기 때문에 한국인들이 흔히 발음하는 방식과 유사한 점도 많습니다. 따라서 각 발음과 악센트의 특징을 파악하고 조금만 익숙해지면 별 어려움이 없습니다.

6. Part 3과 4에서 문제지에 인쇄된 문제를 읽어줍니다!

다른 파트와 달리 지문을 들려주고 나서 해당 문제도 녹음으로 들려줍니다. 하지만 선택문항은 들려주지 않습니다. 따라서 문제를 미리 읽어두면 문제를 들려주는 시간(약 3초)을 더 활용할 수 있기 때문에 문제를 풀 시간적인 여유는 늘어나게 됩니다. 따라서 Part 3, 4는 이러한 특징을 잘 이용하면 점수를 보다 쉽게 획득할 수 있는 전략적인 파트가 될 수 있습니다.

초급자는 이렇게 준비하라!

>> 500점 이하의 점수대를 초급자로 분류하겠습니다. 초급자들은 영어 자체의 기본 실력도 부족하지만 무엇보다도 토익에 관한 정확한 '이해'와 시험 자체에 대한 '적응력'이 갖춰지지 않은 상태이므로, 토익에 대한 분명한 '이해'와 성적이 나오지 않는 정확한 '원인'을 파악하는 것이 중요합니다. 토익은 고유한 특징이 있으며, 고정적인 출제유형과 패턴을 가지고 있습니다. 따라서 그 '원리'와 '생리'에 대한 확실한 이해가 수반되지 않으면 아무리 영어실력이 어느 정도 있다고 해도 원하는 만큼의 성적을 얻기가 힘듭니다. 무작정 막연하게 공부해서는 힘만 들고 별다른 성과를 거두기 어렵다는 말이지요.

그러므로 전반적인 전략과 대처방법, Part별 구체적인 전략과 핵심, 그리고 문제 유형별 급소를 파악해야 합니다. 대부분의 문제는 이 책에 나오는 〈나쁜 요령: 전략, 급소, 핵심, 정/오답의 공식〉만 터득하면 초보자라도 얼마든지 해결할 수 있습니다. 여러분이 현재 가지고 있는 실력에 〈나쁜강의〉에서 알려주는 훈련만 더해지면 기대 이상의 성과를 얻을 수 있습니다. 막연하게 근본적인 영어실력이 부족하기 때문이라고 위축될 필요가 없습니다. 실제로 이 단계에서는 〈나쁜강의〉의 전략과 급소, 비법, 핵심 그리고 약간의 요령만 익혀도 최소한 200점 이상은 아주 쉽게 올릴 수 있습니다.

제가 강조하는 것 중 하나가 '토익은 학문이 아니라 영어로 보는 상식시험일 뿐이다'라는 것입니다. 토익은 깊이 있는 지식의 습득을 요구하는 학문이 아닙니다. 약간의 기본적인 원리와 핵심만 익히고 반복하면 됩니다. 영어와 토익, 양자 간에 분명히 관련이 있기는 하지만, 토익 성적이 우수하다고 해서 반드시 영어실력이 뛰어나다고 할 수는 없습니다. 반대로 영어실력이 우수하다고 토익성적도 높게 나온다는 보장은 없습니다. 즉, 영어실력은 다소 부족하더라도 토익에 대한 효율적인 훈련이 되어 있다면 시험에서 훨씬 좋은 성적을 얻을 수 있다는 말입니다.

다음은 〈나쁜강의〉와 함께 토익을 정복하는 절차를 정리한 것입니다.

01   일단 시험 신청을 하고 실제 토익에 응시하십시오. 실제로 시험을 쳐봐야만 토익이 어떤 시험인지 생생하게 느낄 수 있습니다. 처음에는 시험 자체에 대한 경험으로 생각하고 점수는 신경 쓰지 마세요. 출발선을 확인하는 것뿐이니까요.

02   파트별로 전체적인 전략과 급소 그리고 핵심사항들을 중심으로 〈나쁜강의〉를 들으면서 1회 정독합니다.

03   02에서 익힌 것을 생각하면서 〈나쁜강의〉의 예문과 문제를 익히세요. 100% 실제 토익에서 매우 자주 등장하는 표현들이므로 예문 하나를 익힐 때마다 5점씩 올라간다 생각하고 익히십시오. 알고 보면 토익에서 자주 사용하는 표현과 문장은 생각보다 양이 많지 않고 매우 반복적입니다. 빈출 어휘와 표현은 기초체력에 해당합니다. 기초체력이 달리면 '기술'이 먹히는 것도 한계가 있으므로 반드시 학습하고 넘어가야 합니다.

04   03까지 실행에 옮겼다면 다른 데 한눈팔지 말고 반복 그리고 또 반복합니다. 쓸데없이 온갖 토익 책을 가지고 있는 사람 중에 성적이 좋은 경우는 별로 없습니다. 〈나쁜강의〉의 내용을 대충 알고 있는가, 아니면 어느 정도 익숙한 단계인가, 혹은 무조건적인 반응을 보일 만큼 숙달된 단계인가에 따라서 점수는 100~200점 이상 차이납니다.
적어도 700~800점대까지는 다양한 문제 경험을 운운할 단계가 아닙니다. 스스로 오진을 내리면 안 됩니다. 이 단계에서 점수를 얻지 못하는 것은 대단히 중요한 내용을 모르거나 다양한 경험이 부족해서가 아니라, '가장 기본적인 사항'을 모르거나 아니면 그것에 아직 익숙하지 않기 때문입니다.

05   04까지 충실히 실행한 다음 실제 토익 시험을 가능하면 3회 이상 연속 응시합니다. 세 번째부터 자기 점수라고 생각하십시오. 아마 자신도 놀랄 만한 성과를 얻게 될 것입니다.

700~800점을 돌파하고 싶은 중급자라면

>> 토익 전반에 대한 개략적인 이해는 하고 있지만 아직 구체적인 전략과 비법, 핵심 그리고 요령에 숙달되지 않은 단계입니다. 일부 쉬운 문제를 제외하고는 문제해결의 급소를 한눈에 파악하는 능력이 부족하여 항상 막연한 '감'으로 문제를 풀려고 하지요. 그래서 틀리는 문제는 항상 틀리는 악순환이 계속되고, 아는 것도 문제가 조금만 모습이 다르면 언제든지 틀릴 수 있는 불안정한 단계라고 할 수 있습니다.

결국 이 불안정한 악순환의 연결 고리를 끊지 않으면, 아무리 공부해도 만족할 만한 성과가 나오지 않습니다. 무엇보다 자신이 왜 틀리는지 그 원인을 정확하게 파악하는 것이 가장 중요하죠. 이 시기에는 〈나쁜강의〉를 꾸준히 반복해야 합니다. 어떠어떠하다는 사실(fact) 그 자체를 몰라서가 아니라 충분히 숙달되지 않아서 틀리는 경우가 더 많으므로 반복하는 횟수만큼 점수는 올라갑니다. 문제를 보거나 듣는 순간 문제의 유형을 알아차리고 그 급소와 요령, 정/오답의 공식이 떠오를 정도로 반복하십시오.

위의 과정을 충분히 수행했다고 생각이 들면 주기적으로 특히 시험 치기 며칠 전에는 모의테스트를 활용하여 실전감각을 키워 갑니다. 시중의 토익 교재나 문제집 중에는 실제 토익 문제의 유형이나 내용과 동떨어지거나 심지어 전혀 출제되지 않은 것들을 강조하는 수준 이하의 〈자가 발전형〉이 적지 않으므로 선택에 유의하셔야 합니다. 모의 테스트를 할 때는 실제 시험과 같은 환경에서 시간을 엄수하면서 제한된 시간 내에 각 파트를 목표시간 안에 풀도록 시간 관리 개념을 가지고 풀도록 해야 합니다. 테스트를 하고 난 후에 점검할 때는 단순히 맞고 틀린 결과보다는 얼마나 밀도 있게 이해했는가 그리고 문제의 급소를 잘 파악했는가를 확인하면서 다시 한번 익히고 문제와 오답들 중에서도 주요 표현과 사항들도 챙겨서 학습하는 게 좋습니다. 즉 틀린 문제의 정답만 확인하지 말고 맞은 문제라도 정확히 이해하지 못하고 찍어서 맞은 문제들도 있을 수 있으므로 다시 한번 잘 학습해두고, 문장 안의 다른 주요 표현이나 오답들도 다른 문제에서는 정답으로 출제되는 것들이 많으므로 잘 확인해두어야 합니다.

800점 이상 고득점자는 950점대에 도전하라

>> 만약 이 단계에서 점수가 정체되어 있다면 그 원인은 크게 두 가지입니다. 자신이 취약한 Part와 반복적으로 틀리는 유형을 보완하지 않았거나, 아직 어휘력이 부족하기 때문입니다.

'전략과 급소, 비법과 요령' 등의 숙달로 얻을 수 있는 점수는 대략 850점이 최대 (maximum)입니다. 그 이상은 어휘력의 뒷받침 없이 올라가기 힘들지요. 900점대와 800 점대의 가장 큰 차이 중의 하나는 어휘력에 있습니다. 따라서 적어도 900~950점을 노린다면 어휘실력을 보다 정교하게 다듬고 그 폭을 넓히는 것 이외에, 자신의 취약 부분을 확실히 파악하고 보다 많은 문제풀이를 통해 핵심을 반복해서 숙달하는 데 집중할 필요가 있습니다.

특히 L/C에서는 의욕적으로 만점에 도전하십시오. L/C에서는 평균 4~5개 정도 틀린다 해도 만점이 나옵니다. R/C에서 다소 점수가 낮게 나오더라도, L/C에서 만점을 얻는 것이 자신 감이나 장기적인 실력 면에서도 그렇고 전체적인 점수 관리 면에서도 유리합니다. 실제로 토익 성적을 요구하는 대부분의 기업이나 기관에서 총점수가 비슷할 경우 L/C 점수가 높은 사람을 더 선호하는 경향이 있습니다.

Part 3, 4에서는 대충은 알아듣지만 문제에서 묻는 핵심 부분에 대한 집중력 부족으로 점수가 나오지 않는 경우가 많으므로, 정보의 중요도에 따라 강약을 조절하면서 Listening 훈련을 하는 것이 바람직합니다.

그리고 가능하다면 평소에 영자신문의 Business 면이나 어렵지 않으면서도 비교적 길이가 긴 글을 하루에 한 개씩이라도 꾸준히 읽으십시오. 도중에 사전을 찾아본다거나 하지 말고, 문맥을 통해 모르는 단어의 의미를 유추해가면서 속도를 늦추지 않고 끝까지 한 번에 속독하는 훈련을 하십시오. 그렇게 하면 Listening과 Reading 모두에 효과가 있습니다.

미국 영어 VS 영국 영어

TOEIC의 Listening Comprehension서는 미국식 발음 외에도 캐나다, 영국, 호주 등 다양한 발음과 악센트가 사용됩니다. 미국 영어 발음에만 익숙해져 있는 사람들은 다소 당황스러울 수도 있지만 국제적인 의사소통 도구로써 영어능력을 측정하기 위한 TOEIC 본연의 취지를 생각하면 당연한 일이라고 할 수 있습니다. 앞서 설명했듯이 캐나다는 미국 영어와 별 차이가 없고 호주도 영국 영어와 대동소이하기 때문에 사실상 미국 영어와 영국 영어 두 가지 발음으로 들린다고 보면 됩니다. 영국 영어의 발음과 악센트는 미국 영어처럼 연음 현상이 심하지 않고 철자대로 또박또박 발음하기 때문에 한국인들이 흔히 발음하는 방식과 유사한 점도 많아서 조금만 경험하면 적응하기가 쉬워 별 문제가 되지 않습니다. 미국식 발음과 영국식 발음의 특징과 몇 가지 차이점만 미리 익혀두면 시험에서 당황하지 않을 것입니다. 〈TOEIC 더 나쁜강의 네시간〉의 모든 내용은 실제 TOEIC의 녹음 방식과 동일하게 미국, 캐나다, 영국, 호주식 발음으로 녹음되어 있습니다. 그러면 미국 영어와 영국 영어의 주요 차이점에 대해서 알아보겠습니다.

I. 미국 영어와 영국 영어, 발음의 특징과 차이

① 'a' 발음의 차이

미국 영어는 단어 안에 있는 'a' 발음을 [æ]로 우리 발음의 '애'에 가깝게 발음하는데 비해 영국 영어는 [ɑ]로 우리 발음의 '아'를 좀 길게 말하듯이 발음하는 경향이 강합니다.

'a' 발음의 차이를 토익에서 자주 사용되는 대표적인 어휘를 들으면서 익혀 보세요.

어휘	미국 영어(American English)	영국 영어(British English)
ask	애스크 [æsk]	아-스크 [ɑːsk]
can't	캔트 [kænt]	칸-트 [kɑːnt]
dance	댄쓰 [dæns]	단-쓰 [dɑːns]
half	해프 [hæf]	하-프 [hɑːf]
last	래스트 [læst]	라-스트 [lɑːst]
pass	패쓰 [pæs]	파-쓰 [pɑːs]
chance	챈쓰 [tʃæns]	챤-쓰 [tʃɑːns]
glass	글래쓰 [glæs]	글라-쓰 [glɑːs]
map	맵 [mæp]	맙 [mɑːp]

② 'o' 발음의 차이

미국 영어는 단어 안에 있는 'o' 발음을 [ɑ], 우리 발음의 '아'에 가깝게 발음하는데 비해 영국 영어는 [o], 우리 발음의 '오'와 같이 발음하는 경향이 강합니다.

'o' 발음의 차이를 토익에서 자주 사용되는 대표적인 어휘를 들으면서 익혀보세요.

어휘	미국 영어(American English)	영국 영어(British English)
body	바디 [bɑːdi]	보디 [bodi]
bottle	바를 [bɑrl]	보틀 [botl]
box	박쓰 [bɑks]	복쓰 [boks]
bottom	바럼 [bɑrəm]	보톰 [botəm]
not	낫 [nɑt]	놋 [not]
lot	랏 [lɑt]	롯 [lot]
got	갓 [gɑt]	곳 [got]
copy	카피 [kɑpi]	코피 [kopi]

③ 't' 발음의 차이

단어 안에 있는 't' 발음은 미국 영어와 영국 영어 발음의 가장 두드러진 차이를 보여줍니다. 미국 영어 발음을 소위 '빠다 발음', '혀를 굴린다' 라고 하는 가장 큰 원인 중의 하나가 이 't' 발음 때문입니다. 미국 영어는 모음 사이에 위치한 't'를 'r'처럼 혀를 굴리는 발음을 하는 반면에 영국 영어는 원래 't' 발음대로 또렷하고 정확하게 발음합니다.

't' 발음의 차이를 토익에서 자주 사용되는 대표적인 어휘를 들으면서 익혀보세요.

어휘	미국 영어(American English)	영국 영어(British English)
water	워러 [wɔːrər]	워터 [wɔtər]
meeting	미링 [míːriŋ]	미팅 [míːtiŋ]
butter	버러 [bʌrər]	버터 [bʌtər]
little	리를 [lírl]	리틀 [lítl]
international	이너내셔널 [ìnənæʃənl]	인터내셔널 [ìntənæʃənəl]
hospital	하스피럴 [haspirl]	호스피털 [hospitəl]
matter	매러 [mærər]	매터 [mætər]
monitor	마니러 [mɑnirər]	모니터 [monitər]
later	레이러 [leirər]	레이터 [leitər]
data	데이라/데라 [deirər]	데이터 [deitə]
twenty	트웨니 [tweni]	트웬티 [twenti]

'r' 발음도 't' 발음과 함께 미국 영어와 영국 영어 발음의 가장 두드러진 차이를 보여줍니다. 미국 영어 발음을 소위 '빠다 발음' '혀를 굴린다' 라고 하는 또 하나의 이유가 'r' 발음 때문입니다. 미국 영어는 'r' 발음을 할 때 혀를 많이 굴리는 반면에 영국 영어는 'r' 발음을 거의 하지 않으며 'r' 앞에 있는 모음을 다소 길게 끌면서 발음하는 경향이 강합니다.

'r' 발음의 차이를 토익에서 자주 사용되는 대표적인 어휘를 들으면서 익혀보세요.

어휘	미국 영어(American English)	영국 영어(British English)
car	카ㄹ [kɑːr]	카- [kɑː]
cart	카ㄹ트 [kɑːrt]	카-트 [kɑːt]
card	카ㄹ드 [kɑːrd]	카-드 [kɑːd]
report	리포ㄹ트 [ripɔːrt]	리포-트 [ripɔːt]
sir	써ㄹ [sər]	써- [sə]
part	파ㄹ트 [pɑːrt]	파-트 [pɑːt]
there	데어ㄹ [ðɛər]	데에- [ðeə]
apartment	어파ㄹ트 먼트 [əpɑːrtmənt]	어파-트먼트 [əpɑːtmənt]
department	디파ㄹ트 먼트 [dipɑːrtmənt]	디파-트먼트 [dipɑːtmənt]
important	임포ㄹ턴트 [impɔːrtənt]	임포-턴트 [impɔːtənt]
port	포ㄹ트 [pɔːrt]	포-트 [pɔːt]
first	퍼ㄹ스트 [fəːrst]	퍼-스트 [fəːst]
purse	퍼ㄹ쓰 [pəːrs]	퍼-쓰 [pəːs]
nurse	너ㄹ쓰 [nəːrs]	너-쓰 [nəːs]

2. 미국 영어와 영국 영어, 철자 차이

오랜 세월 동안 미국으로 건너간 영국인들이 본국인 영국과 멀리 떨어져 생활하면서 일부 어휘의 철자 표기도 달라졌습니다. 미국 영어는 대부분 실제로 발음되지 않는 부분은 표기를 하지 않거나 긴 어휘를 짧게 표기하려는 경향이 강합니다.

미국 영어(American English)	영국 영어(British English)
center	centre
theater	theatre
color	colour
favor	favour
labor	labour
dialog	dialogue
offence	offense
defence	defense
analyze	analyse

3. 미국 영어와 영국 영어, 어휘 차이

마찬가지로 미국 영어와 영국 영어가 같은 의미의 단어를 각각 다르게 사용하는 경우도 있습니다. 하지만 상호교류가 활발해지면서 혼용해서 같이 사용하기도 합니다.

어휘	미국 영어(American English)	영국 영어(British English)
지하철	subway/metro	tube
승강기	elevator	lift
우편	mail	post
휴대폰	cell(ular) phone	mobile phone
소포	package	parcel
사탕	candy	sweets
영화	movie	film

〈나쁜강의〉 200% 활용하기!

시험 보기 **십분전**

- 각 Part의 주요 전략을 모아 정리한 〈시험 보기 10분 전〉을 두세 번 읽는다.

시험 보기 **하루전**

- 시험장에서의 행동 요령과 준비 그리고 시간 관리 요령을 숙지한다.
- L/C는 각 Part와 문제 유형별 〈핵심과 급소〉를 두 번 이상 읽어서 완전히 숙지한다. 그리고 질문과 정답/오답의 급소와 정답표현들을 익힌다.
- R/C는 Part 5와 6에서 어법의 핵심과 급소, 그리고 최우선 어휘들을 다시 한 번 점검한다.
- Part 7은 문제를 보면서 정답을 쉽게 찾아가는 방법을 점검하고, 유형별로 정답이 잘 등장하는 위치를 확인한다.

시험 보기 **열흘전**

- 책을 한 번 정독한 다음, 책을 보면서(L/C는 스크립트를 보면서) 강의를 듣는다.(도중에 중요하거나 이해가 잘 안 되는 부분은 반복한다)
- Part 5와 6 어법의 중요도 단계별로 어법과 어휘의 주요 사항과 〈나쁜강의〉 해설을 자세히 숙지한다.
- 어휘에서 정답 어휘와 그 연결 어휘를 중심으로 익힌다.(가볍게 여러 번 반복해서 보는 것이 효과적이다)
- Part 7에 있는 〈나쁜 요령〉을 숙지한 후에, 해설을 보지 않고 혼자 힘으로 문제를 풀어본다. 그런 다음 해설을 보면서 틀리거나 시간이 오래 걸린 문제의 원인을 파악한다. 해설을 참조하면서 한 문장씩 정확하게 해석하면서 제대로 해석이 되고 있는지 확인하고 주요 어휘와 문장을 익힌다.

시험 보기 **한달전**

- 책을 보면서 Part별로 충분히 숙달될 때까지 학습한다.(중요하거나 이해가 안 되는 부분은 여러 번 반복한다)
- 설명에 들어가 있는 모든 문제 및 실전 문제를 끝까지 풀어보고 해석과 해설을 참조하면서 익힌다.
- 특히 R/C의 어휘들을 최대한 암기한다.(어휘만 충분히 익혀도 최소한 100점은 올라간다)
- 〈모의테스트〉를 1~2회 풀어보고, 〈나쁜강의〉를 적용하는 훈련을 하여 실전감각을 기른다.
- 책을 갖고 다니면서 어디서나 틈만 나면 반복해서 본다.

CONTENTS
LISTENING

READING

PART 1

Part 1만은 만점을 목표로 하자!

Part 1은 사진을 보고 4개의 선택문항 중에서 사진내용을 가장 올바르게 묘사한 정답을 고르는 유형으로 1번부터 10번까지 10문항으로 이루어져 있습니다. 주로 일상생활에서 흔히 접하는 거리, 음식점, 호텔, 쇼핑, 병원, 교통수단, 여행, 경치 등의 장면이나 비즈니스 활동과 관련된 회사, 직장, 회의실, 실험실 등을 촬영한 사진이 나옵니다. 600점 전후의 중간 수준의 응시자들도 보통 7~8개 정도는 맞히는, Listening Section에서 상대적으로 난이도가 가장 낮은 파트입니다. 하지만 최근에는 꽤 구체적인 묘사나 혼동하기 쉬운 오답이 자주 등장하는 등 체감 난이도가 예전보다 높아져서 방심해서는 안 됩니다. 그러나 여전히 다른 파트에 비해서 어휘도 쉽고 문장도 간단하기 때문에 Part 1만은 꼭 만점을 목표로 학습해 주시기 바랍니다. 그래야만 고득점의 발판을 마련할 수 있기 때문입니다. 토익은 어려운 파트의 문제든 쉬운 파트의 문제든 기본적인 배점은 동일하므로 쉽게 얻을 수 있는 부분에서 최대한 점수를 확보하는 것이 점수관리에서 상당히 중요합니다.

Part I이 저절로 풀리는 나쁜 요령 9가지 🎧 02

내용에 관계없이 정·오답을 가려내는 요령입니다. 반드시 두 번 이상 읽어서 숙지하고 본문으로 넘어가세요.

1 **문제가 들리기 전에 사진을 미리 살펴보라.**

문제와 문제 사이의 간격은 약 5초 정도인데 이때 다음 문제의 중요 특징을 살피면서 가능한 정답표현을 미리 예상해보세요. 선택문항이 나올 때는 들으면서 정답과 거리가 멀다고 생각되는 문항들을 하나씩 제외시키세요. 이때 문제지의 해당 사진 옆 공간에 확실히 아니면 X, 확신이 가지 않으면 ✓, 확실하다고 판단되면 O 표시를 하는 등 최대한 시각적인 수단을 동원하여 문제를 풀어나가는 것도 좋습니다.(시험 시작 전에 나오는 다소 위협적인 녹음방송-문제 유출을 방지하기 위해 문제지에 표기하는 것을 금지하고 있으며 시험 도중에 그러한 행위가 발견될 시에는 감독자로부터 시정을 요구받을 수 있다 등의 내용-에 크게 신경 쓸 필요는 없어요. 문제지에 표시한다고 실제로 제지를 받는다거나 하는 일은 거의 없거든요.) 머릿속으로만 생각하고 듣다가는 2개의 선택문항 중에서 헷갈릴 경우 문제가 끝난 후에 해당 선택문항이 생각나지 않아서 틀리기 쉬우므로 기억력에 너무 의존하지는 마세요. 4개의 선택문항을 다 듣고서 가장 적절하게 묘사한 하나를 고르도록 하세요.

2 **사진에 없는 사람이나 사물이 들리는 선택문항은 오답이다.**

대부분의 문제에서 사진에 없는 사람이나 사물을 언급하는 오답이 자주 등장해요. 사진에 나오지 않으니 이에 대한 설명도 당연히 틀린 답이 되겠죠? 많은 문제에서 한두 개의 선택문항은 이런 식으로 오답이 되는데, 가령, 여러 대의 헬리콥터가 활주로 위에 세워져 있는 사진(Helicopters are sitting on an airstrip.)에서 A pilot is speaking with a mechanic(조종사가 정비공과 이야기를 하고 있다).라는 선택문항이 들리면 사진에 없는 사람인 A pilot과 a mechanic이 등장했으므로 내용에 상관없이 바로 오답으로 처리해 버리면 됩니다.

3 **유사발음에 유의하라.**

유사한 발음의 어휘를 사용하여 혼동을 유발하는 경우가 종종 있습니다. 자주 출제되는 유사발음 어휘들을 평소에 대비해 두는 것이 중요한데, 예를 들어, 여자가 커피를 마시는 사진에서 정답인 The woman is drinking from a cup.에서 예상할 수 있는 coffee라는 단어와 발음이 유사한 copy를 사용하여 The woman is making a copy(여자가 복사를 하고 있다).라는 선택문항으로 혼동을 유발한답니다. 속지 마세요!

자주 등장하는 유사발음이나 혼동어휘

- She is making **coffee**. ↔ She is making a **copy**.
- The **train** has stopped. ↔ They are in a **training** session.
  - ↔ The **rain** has stopped.
- They're **walking** on the path. ↔ They're **working** in the office.
- The child is playing on the **swing**. ↔ The child is **swimming**.
- The bus is at the **bus stop**. ↔ There is a **stop sign** on the road.
- She is **writing** something down. ↔ She is **riding** down the street.

4 무언가를 착용하고 있거나 휴대하고 있으면 주목하라.

사진에 등장한 사람이 안경, 장갑, 넥타이, 목걸이나 귀걸이와 같은 장신구, 모자, 헤드폰 등 눈에 띄는 복장을 하고 있거나 가방 등 무언가를 휴대하고 있으면 그에 대한 묘사 문장이 정답일 가능성이 높습니다.

자주 등장하는 묘사표현

- 안경을 쓴 여자 사진 → The woman has her **glasses** on.
- 목걸이를 한 여자 사진 → The woman is wearing a **necklace**.
- 귀걸이와 목걸이 한 여자 사진 → The woman is wearing some **jewelry**.
- 남자가 헤드폰을 쓰고 있는 사진 → He's using a pair of **headphones**.
- 모자를 쓴 여자 사진 → She's wearing a **hat[cap]**.
- 여자가 장갑을 끼고 현미경을 들여다보는 사진 → She's wearing a protective **glove**.
- 넥타이를 한 남자 사진 → He's wearing a **tie**.
- 여자 옆에 짐 가방이 놓여 있는 사진 → She has her **luggage** with her.
- 벤치에 앉아 있는 남자 발 옆에 가방이 있는 사진 → He has placed his **bag** by his feet.

* 보다 상세한 용례와 표현은 《상황별 정답표현》에서 다시 다루게 됩니다.

5 wear(상태)와 put on(동작)을 구별하라.

wear: 옷, 장갑, 장신구 등을 입거나 착용한 상태 ↔ put on: 입거나 착용하는 동작
이미 '착용하고 있는 상태'라면 wearing을, 지금 '입는 동작'을 취하고 있다면 putting on으로 묘사해야 맞습니다. 우리말로 옮겨놓고 보면 같지만, 그 속뜻은 다르므로 주의해야 하죠.

목걸이를 한 여자 사진(상태)

- The woman is **wearing** a necklace.(○)
  - → The woman is putting on a necklace.(×)

이름표를 옷에 달고 있는 남자 사진(동작)

- He's **putting on** his name tag.(O)
  → He's wearing a name tag.(×)

6 위치표현에 주목하라.

두 개 이상의 사물이나 두 명 이상의 사람이 등장하는 사진에서는 각자의 위치를 정확하게 표현한 선택문항이 정답이 되는 경우가 많습니다. 따라서 등장하는 사물/사람의 위치를 묘사하는 표현에 유의해야 해요. 아래에 정리한 자주 등장하는 위치표현을 익혀 두도록 하세요.

자주 등장하는 위치표현

- 사람들 오른쪽에 가게가 있는 사진 → The store is **to the right of** the people.
- 여객기 주위에 급유차를 포함한 여러 대의 차량이 둘러싸고 있는 사진
  → There are service vehicles gathered **around** the aircraft.
- 서적들이 벽에 붙어있는 서가에 꽂혀 있는 사진
  → The publications are displayed **against the wall**.
- 밴 옆을 따라 테이블과 의자들이 놓여 있는 사진
  → There are some chairs and a table **alongside** the van.
- 언덕 옆으로 기차가 지나가는 사진 → There is a hill **next to** the train.
- 카드 진열대가 가게 밖에 놓여 있는 사진 → The postcards have been placed **outside**.
- 여자가 계단 아래쪽에 앉아 있는 사진
  → The woman is resting **at the bottom of** the steps.
- 바닥에서 천장까지 닿는 높은 서가들이 있는 사진
  → There are bookshelves **from** floor **to** ceiling.
- 돛단배가 부두 옆에 떠 있는 사진 → A sailboat is floating **near the dock**.
- 사람들이 길 따라 걸어가는 사진 → People are walking **along** the path.
- 두 의자 사이에 화분이 놓여 있는 사진 → There is a tree **between** the chairs.
- 트럭 뒤에 돌무더기가 쌓여 있는 사진
  → Some stones have been piled up **behind** the vehicle.
- 건물 앞에 가로등이 있는 사진 → There is a lamppost **in front of** the building.
- 통로 위로 아치가 있는 사진 → An archway has been built **over** the path.
- 밴드가 실내에서 연주하고 있는 사진 → They're performing **indoors**.
- 저 멀리 길이 휘어져 있는 사진 → The road curves **into the distance**.

* 보다 상세한 용례와 표현은 《상황별 정답표현》에서 다시 다루게 됩니다.

7

줄지어 있는 사진에서는 row나 line을 기대하라.

사람들이 줄지어 서 있거나 사물이 나란히 한 줄 또는 여러 줄로 정리가 되어 있는 경우라면 row나 line이라는 표현이 나올 것을 미리 준비해야 해요.

- 테이블 위에 비디오테이프가 한 줄로 놓여 있는 사진
  → The video cassettes[tapes] are arranged **in a row**.
- 회의실에 의자가 여러 줄 놓여 있는 사진
  → The chairs have been set up **in rows**.
- 사람들이 줄 서 있는 사진
  → People are standing **in line**. / People are waiting **in line**.
- 작물이 언덕에 가지런히 여러 줄로 심어져 있는 사진
  → The crops have been planted **in rows** on the hill.

* 보다 상세한 용례와 표현은 《상황별 정답표현》에서 다시 다루게 됩니다.

8

정답으로 사용되는 시제는 3가지뿐이다. – 현재진행/현재/현재완료

Part 1에서 정답으로 사용되는 시제 중 현재진행(is/are + -ing)이 약 60%, 현재(is/are)가 약 25%, 현재완료(have/has + 과거분사)가 약 15%를 차지합니다. 특히, 사람이나 사물의 '동작'을 표현하는 것이면 거의 100% 현재진행 시제를 사용하며, 사물의 '상태'를 표현할 때는 현재, 현재완료, 현재진행 시제를 모두 사용하죠. 당연한 말이지만 과거나 미래시제는 정답이 될 수 없습니다. 순간을 포착한 사진을 가지고 그 전에 일어난 일이나 그 후에 일어날 일을 추측할 수는 없기 때문이죠.

동작 : 사람들이 길 따라 걸어가고 있는 사진 → People **are walking** along the path. - 현재진행

상태 : 5층 건물이 있는 사진 → The building **is** several stories high. - 현재

　　 식당 테이블이 세팅되어 있는 사진 → Some of the tables **have been set**. - 현재완료

　　 남자가 공구를 들고 있는 사진 → He**'s holding** a tool. - 현재진행

9

all, everyone 등을 사용하는 선택문항은 대부분 오답이다.

all, everyone 등을 사용한 선택문항은 오답일 확률이 매우 높습니다(약 90%). 만약 선택문항을 완전히 이해하지 못해서 자신이 없을 때 이러한 표현이 들리면 제외하는 것이 확률 면에서 유리합니다.

- **All** of the seats are taken.(×) 모든 자리에 사람들이 앉아 있다. → 빈자리가 있는 사진
- **Everyone** in the room is wearing formal suits.(×) 방에 있는 모든 사람이 정장을 입고 있다.
  → 캐주얼 차림을 한 사람도 있는 사진

착한표현

장면을 연상하며 〈정답표현〉만 입력하라! 🎧MP3▶ 03

이제부터 소개해 드릴 내용은 Part 1 사진묘사 문제에서 〈계속〉〈반복적으로〉〈자주〉 출제되는 정답표현들 중에서도 고르고 고른 문장들입니다. 이 〈착한표현〉들만 잘 익혀 놓아도 쉽게 정답을 맞힐 수 있습니다.

상황별 정답표현

Part 1을 빠른 시간에 가장 효율적으로 대비하기 위한 가장 좋은 방법은 자주 출제되는 상황의 정답표현을 익히는 겁니다. 실제로 시험에 항상 출제되는 사진 유형의 95% 이상은 〈반복적으로〉〈자주〉 출제되며 정답으로 등장하는 표현도 거의 동일하고 가끔씩 약간의 변화를 주기는 하나 그 정도가 미미합니다. 사진을 하나하나 일일이 살펴보면서 전혀 의미 없는 오답을 학습하는 것은 매우 비효율적이라고 할 수 있는 반면, 정답표현을 통하여 그 장면을 상상하면서 훈련하는 방식은 효율적입니다. 최근 출제된 기출문제는 물론 지난 10여 년간의 기출문제까지 철저히 분석한 상황별 정답표현을 들으면서 장면을 연상하는 이 훈련을 통해서 〈최단기간에〉〈가장 효율적으로〉 Part 1의 대비를 철저히 할 수 있습니다.

---

1. 동작사진

Part 1 문제의 약 80%는 '동사'를 알아듣는지 묻는 문제입니다. 사람이 어떤 행위를 하고 있는 사진에서는 우선적으로 그 사람이 취하고 있는 동작과 관련된 '동사'에 주의해서 들어야 합니다. 구체적인 동작과 상황을 연상하면서 정답표현을 반복해서 익히는 것이 중요합니다.

❶ **전화 거는 장면** making a (phone) call이나 talking on the phone이 들리면 정답

전화를 걸거나 통화하고 있는 사진

- She's making a (phone) call.
- The woman is talking on the phone.
- The woman is conducting a phone conversation.
- He's holding the receiver to his ear.
- They're using public telephones.
- He's talking on the cellular phone.

공중전화 두 대가 나란히 있는 사진
- Neither of the phones is being used at the moment.

❷ **청소하는 장면** scrubbing, sweeping, brooming, mopping, cleaning, vacuuming 등이 들리면 정답

- They're scrubbing the steps. 문질러 닦고 있다
- He's sweeping the sidewalk. 빗자루로 쓸고 있다
- They're mopping the floor. 대걸레로 닦고 있다
- People are cleaning the hallway.
- She's vacuuming the floor. 진공청소기로 청소하고 있다

❸ 이발/미용 장면 cut이나 trim이 들리면 정답

이발하고 있는 사진

- He's getting his hair cut.
- The barber's cutting[trimming] the customer's hair.
- The customer is having his hair trimmed[cut].

❹ 사진 찍는 장면 taking a picture나 having one's picture taken, posing for a photo가 들리면 정답

- The man is taking a picture of the people. 사진을 찍어주고 있다
  = A photograph is being taken.
  = People are having their picture taken.
- The woman is posing for a photo[picture]. 포즈를 취하고 있다
- The photographer is concentrating on her subject. 피사체에 집중하고 있다
- He's holding a camera up to his eye. 카메라를 눈에 대고 있다
- He's carrying some photography equipment. 카메라를 휴대하고 있다

❺ 손가락으로 무언가를 가리키는 장면 pointing이 들리면 정답

- The woman is pointing at something on the paper. 종이 위에 원가를 가리키고 있다
- A man is pointing to an image on the screen. 화면에 있는 이미지를 가리키고 있다

❻ 손을 뻗고 있는 장면 reaching이 들리면 정답

- She's reaching inside the refrigerator. 냉장고 안으로 손을 뻗고 있다
- The man is reaching for something on the shelf. 선반 위에 있는 물건을 향해 손을 뻗고 있다

❼ 뒤로 기대거나 앞으로 몸을 구부리고 있는 장면 leaning이나 bending이 들리면 정답

뒤로 기대고 있는 장면

- One person is leaning on the other. 한 사람이 다른 사람에게 기대고 있다
- They're leaning against the railing. 난간에 기대어 서 있다
- The woman is leaning on the walking stick[cane]. 지팡이에 의지하여 서 있다
- The man is leaning back in the chair. 의자에 뒤로 기대어 있다

앞으로 구부리거나 숙이고 있는 장면

- He's leaning[bending] over the table. 탁자 위로 몸을 숙이고 있다
- The woman is bending[leaning] forward over the luggage.
- He is bending[leaning] down. 아래로 몸을 구부리고 있다

❽ 무언가 적거나 쓰고 있는 장면
쓰는 모습은 writing이나 taking notes가, 그리는 모습은 drawing이 들리면 정답

- She's writing on the paper[notepad, notebook, clipboard]. 종이[메모지, 노트, 클립보드]
  = The woman is writing something down.
- They're concentrating on writing. 열심히 쓰고 있다
- One of the men is taking some notes. 한 남자가 받아 적고 있다
- He's leaning forward as he writes. 몸을 앞으로 구부리고 쓰고 있다
- She's resting the paper on her lap while she writes. 무릎 위에 올려놓고 쓰고 있다
- The man is drawing on the board. 칠판에 그림을 그리고 있다
- There are some diagrams on the blackboard. 칠판에 도형이 그려져 있다

❾ 타자 치는 장면 typing이나 keyboard가 들리면 정답

- The man is typing on the keyboard. 키보드로 타이핑하고 있다
- She's working on the computer[typewriter]. 컴퓨터로 작업하고 있다
- She's seated at a workstation. 컴퓨터 앞에 앉아 있다

❿ 사람들이 걸어가고 있는 장면 walking이나 strolling이 들리면 정답

- Some people are walking along the path[walk, road/shore]. 길[해변] 따라 걷고 있다
- A man is strolling along the path. 한 남자가 길을 따라 산책하고 있다
- The path leads through the woods. 숲 사이로 길이 있다

⓫ 인터뷰나 면접 보는 장면 interview가 들리면 정답

- The journalist is conducting an interview. 기자가 인터뷰를 하고 있다
- An interview is taking place. 인터뷰를 하고 있다

2 줄지어 서 있는 장면 row, line이 들리면 정답

- People are standing[waiting] in line. 사람들이 줄 서 있다
- The aisles are lined with bookshelves. 서점 통로에 서가들이 줄지어져 있다
- The wall is lined with shelves. 벽을 따라 서가가 있다
- They're seated in a row. 한 줄로 앉아 있다
- There are two empty chairs in the front row. 앞줄에 두 개의 의자가 비어 있다
- The crops have been planted in rows. 농작물이 여러 줄 심어져 있다

⓭ 상점 카운터/공항 데스크/호텔 프런트 데스크 등에 사람들이 있는 장면
counter, reception desk, receptionist 등이 들리면 정답

- A customer is standing at the counter[at the service desk, at the front desk].
  = The man is standing in front of the counter. 카운터 앞에 서 있다

- A clerk is standing behind the counter. 직원이 카운터 뒤에 서 있다
- A woman is chatting with a receptionist. 접수계원과 이야기한다
- The receptionist is explaining something to the guest. 손님에게 설명하고 있다
- Some customers have stepped up to the counter. 카운터에 바싹 다가서 있다

⑭ 두 명[개]이 나란히 있는 장면 side by side, next to each other, beside가 들리면 정답

- The women are seated side by side. 여자들이 나란히 앉아 있다
- They are standing next to each other. 옆으로 나란히 서 있다
- The man is standing beside the woman. 여자 옆에 남자가 서 있다

⑮ 거울이나 유리창 등에 비치거나 반사된 장면 reflected나 reflection이 들리면 정답

- The trees are reflected in the stream. 시냇물에 나무가 비친다
- The woman is being reflected in the mirror. 여자가 거울에 비친다
- She's looking at her reflection. 거울에 비친 자신의 모습을 보고 있다

⑯ 교실, 식당, 극장, 지하철 등에 사람들이 적거나 많은 장면
unoccupied=empty(자리가 비어 있는), occupied(사람들이 앉아 있는) 등이 들리면 정답

- The room is nearly empty. 방이 거의 비어 있다
- Most of the tables are unoccupied. 대부분의 테이블이 비어있다
- Only a few seats remain empty. 빈자리가 몇 개밖에 없다
- Not all of the seats are occupied. 자리가 모두 차지는 않았다

⑰ 교통수단 등장 장면

기차/지하철 관련 사진
- People are waiting to board the train on the platform. 플랫폼에서 기차 타려고 기다린다
- The train is pulling into the station. 기차가 역 안으로 들어오고 있다
- The train is pulling out of the station. 기차가 역에서 떠나고 있다
- A passenger is about to step onto the train. 승객이 기차에 타려고 한다

자동차/자전거/보트/말/에스컬레이터 등 이동수단을 타고 가고 있는 사진 – riding이 들리면 정답
- The man is riding in a car. 차를 타고 있다
- They're riding an escalator. 에스컬레이터를 타고 있다
- The man is riding a bicycle on the street. 길거리에서 자전거를 타고 있다
- The men are riding in a boat. 보트를 타고 있다
- They're riding in a carriage. 마차를 타고 있다
- One of the riders is ahead of the other. 한 사람이 앞서가고 있다

버스 관련 사진

- Some people are waiting to board[get on] the bus. 줄서서 타려고 하고 있다
- People are boarding the bus. 버스에 올라타고 있다
- People are waiting at a bus stop. 정류장에서 기다린다
- The bus is approaching the bus stop. 버스가 정류장에 도착하고 있다
- Some people are trying to exit[get off] the bus. 버스에서 내리려고 하고 있다

승용차/택시 관련 사진

- He's standing next to a car with a door open. 차문을 열고 서 있다
- The man is getting into the taxi[car, cab]. 택시를 타려고 하고 있다
- The man is getting out of the vehicle. 차에서 내리고 있다
- The woman is behind the steering wheel. 운전대에 앉아 있다
- The vehicles have been left in a parking area. 차들이 주차장에 있다
- The parking lot is fully occupied. 주차장이 꽉 찼다
- A van is parked in the driveway. 현관 앞 진입로에 밴이 주차되어 있다
- A car is parked near the curb. 차가 길가에 주차되어 있다
- Cars are parked on both sides of the street.
  → Cars are lined up on both sides of the street. 길 양쪽에 차들이 세워져 있다
- The car is being towed. 차가 견인되고 있다
- There's heavy traffic on the street. 도로에 차들이 많다
- Vehicles are waiting at the crossing. 차들이 기차 건널목에서 대기하고 있다
- People are crossing the street[crosswalk]. 사람들이 횡단보도를 건너고 있다
  → White lines are painted on the road. 횡단보도에 흰 선이 그어져 있다

주유소에서 차에 기름을 넣는 사진

- The man is filling[pumping, putting] the car with gas[fuel]. 차에 기름을 넣고 있다
  = Gas is being pumped into the vehicle.

비행기 관련 사진

- The passengers are climbing up the stairs. 트랩을 올라가고 있다
- They are exiting[disembarking from] an aircraft. 비행기에서 내리고 있다
  = The passengers are getting off the airplane.

배 관련 사진

- A ship is docked[anchored] at port[in the harbor]. 배가 항구에 정박해 있다
- The boat is tied up offshore. 배가 해안 가까이 정박해 있다
- A sailboat[yacht] is floating[sailing] on the water. 요트가 떠 있거나 가고 있다
- The boats are linked together by a rope. 두 배가 로프로 연결되어 있다
- Most of the passengers are shielded from the sun. 사람들 위에 차양이 있다
- A ramp extends from the shore to the boat. 해안에서 보트까지 경사로가 뻗어 있다

- He's rowing a boat in the water. 보트를 젓고 있다
- She's paddling a canoe. 카누를 젓고 있다
- The people are taking a boat trip[cruise]. 배를 타고 유람하고 있다
- He's pulling[gathering up] a rope. 로프를 당기고(감고) 있다
- He's standing in shallow water. 얕은 물가에 서 있다

⑱ 짐을 싣거나 내리는 장면 load나 unload가 들리면 정답

- He's loading his bag into the car. 차에 가방을 싣고 있다
- People are unloading the truck. 트럭에서 짐을 내리고 있다
- Some bags are loaded in the back of the vehicle. 차 뒤에 가방들이 실려 있다
- An object is being carried down the ramp. 경사로를 세워놓고 짐을 내리고 있다

⑲ 카센터 장면

- He's checking the car's engine. 엔진을 점검하고 있다
- He's checking under the hood. 보닛 뚜껑을 열고 안을 점검하고 있다
- The mechanic is fixing a car. 정비공이 차를 수리하고 있다
- The car has been raised[elevated, lifted] for repairs. 수리를 위해 차가 들어 올려져 있다

⑳ 공사/작업하는 장면 under construction이 들리면 정답

- The building is under construction. 건물이 공사 중이다
  = The construction of the building is in progress.
  = The building is being constructed.
  → They're putting up a new structure.
- The road is under construction. 도로가 공사 중이다
  → The men are improving the roadway. = The men are working on the road.
  공사장에서 일하고 있는 사진
- A man is welding a pipe. 용접하고 있다
- Some people are working underground. 땅 밑에서 작업하고 있다
- One of the men is using a shovel. 삽으로 작업하고 있다
- He is working with a hammer[tool]. 망치[공구]로 작업하고 있다
- He's wearing a hard hat. 안전모를 쓰고 있다
- The man is mowing[cutting] the lawn[grass]. 잔디를 깎고 있다
- The machines are moving the earth[dirt]. 기계가 흙을 옮기고 있다
- The surface of the road is being flattened[smoothed]. 아스팔트를 평평하게 고르고 있다
  장비나 기계로 작업하고 있는 사진
- He's operating a piece of equipment[machinery]. 장비나 기계로 작업하고 있다

- He's driving a forklift. = He's operating heavy machinery. 지게차를 운전한다
- He is operating farm machinery. 트랙터를 운전하고 있다
- The woman is operating a sewing machine. 재봉틀을 쓰고 있다
- The workers are standing on ladders. 사다리 위에 서 있다
- One man has lifted the wheelbarrow. 바퀴가 하나 달린 손수레를 들어 올렸다
- He's emptying a bucket into a container. 양동이에 담긴 것을 큰 용기에 붓고 있다
- The workers are checking[fixing, repairing] the power cable[line, wire]. 전선을 점검[수리]한다

사물을 중심으로 한 사진

- The machine is digging a ditch. 중장비가 도랑을 파고 있다
- The machines are parked near a building[fence]. 건물[담장] 근처에 중장비들이 서 있다
- Tools have been placed on the construction site. 공사장에 공구들이 놓여 있다

㉑ 쇼핑 관련 장면

계산대 앞에서 계산하려는 사진

- A customer is purchasing some merchandise. 물건을 사고 있다
- The customer is paying for his purchase. 물건 값을 지불하고 있다
- The customer is paying at the cash register.
- The man is ready to pay the cashier. 점원에게 계산하려고 한다
- An employee is serving a customer.

상품이 진열되어 있는 사진 – display, lay out, arrange가 들리면 정답

- Baked goods[shoes, fruits] are on display. 제과[신발, 과일]가 진열되어 있다
- Plants[fish] are displayed. 화초[생선]들이 진열되어 있다
- Different kinds of bread are laid out for sale. 다양한 빵들이 진열되어 있다
- The sandals are arranged on the shelves. 샌들이 선반에 진열되어 있다
- The bags are available for purchase. 가방을 구입할 수 있다

상품을 살펴보거나 구경하는 사진 – examining, inspecting, looking, browsing이 들리면 정답

- The woman is examining an item[some merchandise, the goods].
  = She's inspecting a packet.
- The women are looking at the merchandise. 물건을 보고 있다
- The customers are shopping at an outdoor fruit stand. 야외 과일 코너에서 과일을 사고 있다
- They're browsing in a bookstore. 서점에서 책을 구경하고 있다

구체적인 구입/판매 행위나 상태의 사진

- She's doing her grocery shopping. 식료품을 구입하고 있다
- A woman is taking food from the shelf. 진열대에서 식품을 집어든다
- He's picking up some merchandise. 물건을 고르고 있다

- She's putting goods in the shopping cart. 카트에 물건을 담고 있다
- Jewelry has been set up on display boards. 액세서리들이 좌판에 펼쳐져 있다
- Fruit has been sorted into boxes[baskets]. 과일이 종류별로 박스나 바구니에 담겨 있다
- The vegetables are grouped together on the table. 야채가 종류별로 진열되어 있다
- He's weighing some fruit. 저울로 무게를 달고 있다

  옷가게 사진 – rack(걸이/진열대)이 들리면 정답
- The clothing is displayed on racks. 옷들이 옷걸이에 걸려 있다
- She's looking through some scarves on a rack. 걸이에 걸린 스카프를 구경한다

㉒ 모임이나 회의 장면

손짓을 하며 말하는 사진 – gesture가 들리면 정답
- A man is gesturing as he talks. 말하는 듯이 제스처를 하고 있다
- The woman is gesturing with her hands. 손으로 제스처를 하고 있다

  사람들이 회의나 대화하는 사진
- They're seated around the table. 테이블 주위에 앉아 있다
- They're having a discussion. = They're involved in a discussion. 토론하고 있다
- They're engaged in a friendly discussion. 웃으면서 이야기를 하고 있다
- They're gathered together in a conference room. 회의실에 모여 있다
- People are chatting throughout the room. 방 여기저기서 이야기하고 있다
- They're spending time together. 함께 시간을 보내고 있다
- They're having a conversation. 얘기를 나누고 있다
- The women are talking in a group. 무리지어 얘기하고 있다

  한 사람이 이야기하고 다른 사람들은 듣고 있는 사진
- One man is facing a group of people. 한 사람이 다른 사람들을 향하고 있다
    - → One of the men is speaking to the others.
    - → Some people are listening to a speaker.

  테이블 위에 서류(철)들이 펼쳐져 있는 사진
- Papers have been spread out across the table. 종이들이 탁자 여기저기 흩어져 있다
- There are some binders on the table. 탁자 위에 바인더가 몇 개 있다

  탁자를 사이에 두고 마주보고 있는 사진 – across가 들리면 정답
- They are sitting across from each other. 마주보고 앉아 있다
- They are chatting across the table. 마주보고 얘기하고 있다
- They are shaking hands. 악수하고 있다
- They are attending a banquet. 연회에 참석해 있다
- The workers are sharing the same office space. 사람들이 사무실에서 일하고 있다

㉓ 음악 연주나 공연하는 장면

play music, play an instrument, perform이 들리면 정답

- She's playing some music. 음악을 연주하고 있다

  = She's playing an instrument[a musical instrument].
- They're performing indoors[outdoors]. 실내[실외]에서 공연하고 있다
- A man is entertaining customers. 식당 손님들에게 연주하고 있다
- The conductor is leading the orchestra. 지휘자가 오케스트라를 지휘하고 있다
- The orchestra is playing a musical piece. 오케스트라가 음악을 연주하고 있다

  손뼉을 치는 사진 – applaud나 clap hands가 들리면 정답

- They are applauding[clapping their hands].

㉔ 연설이나 프리젠테이션 장면

- A man is addressing the audience. 청중에게 연설하고 있다
- A woman is speaking to her colleagues. 동료들에게 연설하고 있다
- A man is giving a presentation to the group. 사람들에게 발표를 하고 있다
- A man is speaking into[in front of] a microphone. 마이크 앞에서 연설하고 있다

㉕ 식당 관련 장면

손님에게 음식을 주는 사진 – serve가 들리면 정답

- A waitress is serving some refreshments.
- A waiter is serving the people's[the person's] meals[food].
- A customer is being served some food.

식당 장식이나 상태에 초점을 맞춘 사진

- The lights in the restaurant are hanging over the tables. 조명이 테이블 위에 걸려 있다
- There are pictures hanging on the wall. 벽에 그림이 걸려 있다
- There's an assortment of desserts on the table. 다양한 디저트가 담긴 접시들이 놓여 있다
- The candle has been set on the table. 양초가 테이블 위에 있다
- The centerpiece is floral. 테이블 중앙의 장식물이 꽃으로 되어 있다
- The cafeteria is full of diners. 식당에 사람들이 많다

기타 식당 관련 사진

- The customer is studying the menu. 메뉴를 보고 있다
- The woman is choosing what to eat. 메뉴를 보고 있다
- The waiter is taking an order. 주문을 받고 있다
- The customer is ordering some food. 주문을 하고 있다
- The waiter is setting the table. 테이블을 세팅하고 있다
- The tables have been set. 테이블이 세팅 되어 있다

- The meal has been laid out on the table. 테이블에 음식이 차려져 있다
- He's cleaning[clearing] the table with a cloth. 테이블을 닦거나 치운다
- They're putting food on the tray. 뷔페에서 음식을 접시에 담고 있다
- She's helping herself to a snack. 테이블 위의 음식물을 집고[먹고] 있다

㉖ 노천카페 장면

- Small tables stand in front of the chairs. 의자들 앞에 테이블들이 놓여 있다
- Tables and chairs are set up outdoors. 바깥에 테이블과 의자들이 놓여 있다
- People are chatting to one another. 서로서로 이야기하고 있다
- People are sitting at an outdoor patio. 야외 패티오에 앉아 있다

㉗ 주방에서 일하는 장면

정고 있는 사진 - stirring이 들리면 정답
- He's stirring something in the bowl. 그릇 안의 뭔가를 젓고 있다
- The man is stirring something in a pot[pan]. 팬에 담긴 것을 젓고 있다

물 등을 붓거나 따르는 사진 - pouring이 들리면 정답
- She's pouring liquid[water] into a glass. 잔에 액체(물)를 따르고 있다
- She is pouring something into a bowl. 그릇에 뭔가를 붓고 있다

가스레인지(stove) 위에 주전자나 용기가 놓여 있는 사진
- There is a kettle[pot] on the stove.
- The kettle has been placed on the stovetop.

기타 주방 관련 사진
- There are a lot of saucers on the cupboard. 찬장에 접시들이 쌓여 있다
  = Plates are stacked on the cupboard.
- Some bowls have been set on the tabletop. 테이블 위에 그릇들이 놓여 있다
- The chef is preparing something to eat. 요리사가 음식을 준비하고 있다
- She's doing the dishes. 설거지하고 있다
- He's washing a cup.
- He's removing loaves of bread from the oven. 오븐에서 빵을 끄집어내고 있다
- He is putting some bread in the oven. 오븐에 빵을 넣고 있다

㉘ 무언가를 바라보는 장면

look, stare, view, gaze, review, face, examine, study, inspect, read, admire 등이 정답

그림/조각/동상 등의 사진
- She's admiring some paintings. 그림을 감상하고 있다
- He's looking at a sculpture. 조각 작품을 보고 있다

- The woman is viewing a statue. 동상을 보고 있다
- They're examining some artwork. 공예품을 살펴 보고 있다
- She's looking at a display in the museum. 박물관에서 전시물을 보고 있다

바라보는 여러 방향과 관련된 사진
- The two people are facing each other. 두 사람이 서로 마주보고 있다
- They're looking in the same direction. 같은 방향을 보고 있다
- They are facing opposite directions. 서로 등을 돌리고 반대쪽을 보고 있다
  = The man has his back to the woman.
- The man's back is turned to the window. 남자가 등을 창쪽으로 향하고 있다
- They're staring into the distance. 멀리 바라보고 있다
- He's looking[staring] at the monitor[screen]. 컴퓨터 모니터를 보고 있다

서류/책/잡지/신문 등을 보는 사진
- She is looking at some papers[files].
- The men are reviewing some documents.
- The people are discussing the document. 서류를 보면서 논의하고 있다
- He's taking care of some paperwork. 서류를 처리하고 있다
- She's looking through a magazine. 잡지를 보고 있다
- She's turning the pages of a catalog. 카탈로그의 페이지를 넘긴다

창밖을 내다보는 사진
- She is gazing out at the scenery. 창밖의 경치를 보고 있다
  = The woman is looking out the window.

지도를 보는 사진
- They're looking at the map. 지도에서 (길을) 찾고 있다
  = They're checking the route.

㉙ 옷차림/용모에 관한 장면

- He's dressed formally. 정장 차림이다
- He's wearing a tie. 넥타이를 매고 있다
- The man has a jacket on. 재킷을 입고 있다
  = The man is wearing a jacket.
- They are dressed alike. 모두 같은 옷차림을 하고 있다
- People are wearing long[≠short] sleeved shirts. 긴[짧은] 소매의 셔츠를 입고 있다
  = They have long[≠short] sleeve shirts on.
- The woman has her glasses on.
  = She is wearing glasses. 안경을 쓰고 있다
- A woman has a veil[cover] over her hair. 머리에 면사포를 쓰고 있다

⑳ 운동/스포츠 장면

골프 하는 사진

- He's about[ready] to hit the ball. 공을 치려고 한다
  = He's bending over to hit the ball.
- The man is teaching a swimming class. 수영을 강습하고 있다
- They're lifting weights. 아령이나 역기를 들고 있다
- She's doing an exercise. 조깅하고 있다
- The girl is hanging from a bar. 철봉에 매달려 있다
- The skier is moving down the slope. 스키를 타고 내려오고 있다
  → The hill is covered with snow. 스키장이 눈으로 덮여 있다

㉛ 병원 장면 examining이 들리면 정답

- A doctor is examining a patient. 의사가 환자를 진찰하고 있다
- She's examining an x-ray image. X-ray 사진을 보고 있다

㉜ 실험실 장면

- He's holding up a test tube. 시험관을 들고 있다
- The man is wearing a lab coat. 실험가운을 입고 있다
- The man is working in a laboratory. 실험실에서 일하고 있다
- He's looking through a microscope. 현미경을 들여다보고 있다
- She's adjusting the microscope. 현미경을 조절하고 있다
- She's wearing (protective) gloves. 흰 장갑을 끼고 있다

㉝ 기타 동작과 관련된 장면

몸동작과 관련된 사진

- The man is folding his arms. = He has his arms folded. 팔짱을 끼고 있다
- They are walking arm in arm. 두 사람이 팔짱을 끼고 걸어간다
- The man is sitting with his legs crossed. 다리를 꼬고 앉아 있다
- She's resting her chin on her hand. 턱을 괴고 있다
- He's holding onto the railing. 난간을 잡고 있다

물건을 운반하거나 주고받는 사진

- A woman is pushing a stroller. 유모차를 밀고 간다
- He's wheeling[pushing] a cart in front of him. 카트를 밀고 간다
- The man is pulling a cart. 카트를 끌고 간다
- He's moving the cartons. 상자들을 옮기고 있다
- Some people are carrying umbrellas. 우산을 쓰고 간다

- An umbrella is shielding the couple from the sun. 양산이 햇볕을 가려준다
- She's carrying a package under her arm. 짐 꾸러미를 겨드랑이 밑에 끼고 간다
- The crates are being moved into a house. 상자를 집안으로 옮긴다
- The man is holding a fishing rod[pole]. 낚싯대를 들고 있다
- They're helping each other carry something. 두 사람이 물건을 양쪽에서 잡고 운반하고 있다
- The women are sorting through some paperwork. 서류를 정리[분류]하고 있다

주변 사물과 관련된 사진

- She's sipping from[drinking] a cup of coffee. 커피를 마시고 있다
- She's opening a package. 소포 포장을 뜯고 있다
- The woman is disposing of some litter. 쓰레기를 버리고 있다
  = She's throwing something into the trash[garbage] can.
- She's grabbing a bite of[eating] sandwiches. 샌드위치를 먹고 있다
- The birds are being gathered around the child. 아이 주변에 새들이 모여 있다
- The child is feeding the birds. 아이가 새에게 모이를 주고 있다
- The child is playing on the swings. 아이가 그네를 타고 있다
- He's looking at the notices on the bulletin board. 게시판의 게시물을 보고 있다
- He's checking the contents of his mailbox. 우편함의 내용물을 확인한다
- She's looking in a drawer. 서랍 안을 본다
- He's making copies. 복사하고 있다
- She's holding the machine lid[cover] open. 복사기 뚜껑을 한 손으로 들고 있다
- He's working with an electronic device. 컴퓨터를 점검하고 있다
- He has placed his bag at[beside/by] his feet. 발 옆에 가방을 뒀다
- She's watering the flowers[plants]. 화초에 물을 주고 있다
- He is carving a piece of wood. 나무에 조각을 하고 있다

여러 사람[동물]이 있는 사진

- The adults are holding the children's hands. 어른들이 아이들 손을 잡고 있다
- Some dogs are out for a walk. 사람들이 개를 데리고 밖에 나와 있다
- They're relaxing[lying] on a beach. 해변에 누워 있다
- People are fishing at the water's edge. 물가에서 낚시하고 있다
- They're taking a break on the lawn. 잔디밭에서 쉬고 있다

2. 상태사진

🎧MP3 04

사람이 등장하지 않거나 등장하더라도 주요한 역할을 하지 않는 사진을 말합니다. 주로 사물의 상태, 위치, 전경, 배경을 표현하는데, 기본적인 사물의 명칭과 위치표현에 주목하면서 들어야 합니다.

❶ 물건이 쌓여 있는 장면 stack, pile, heap, stock이 들리면 정답

- Boxes are stacked in the warehouse. 박스들이 창고에 쌓여 있다
  = The boxes have been placed in stacks.
- The fruit has been piled high in the vehicle. 과일들이 트럭에 쌓여 있다
- There is a pile of sandals outside the store. 가게 바깥에 샌들들이 쌓여 있다
- Some vegetables are piled in heaps on the table. 야채들이 테이블 위에 쌓여 있다
- The shelves have been stocked with products. 가게 진열대에 물건이 쌓여 있다
- The warehouse is full of goods. 창고에 물건이 가득 쌓여 있다

❷ 계단이 등장하는 장면 steps, stairs, stairway, staircase가 들리면 정답

- People are going[walking] up the steps[stairs]. 계단을 걸어 올라가고 있다
  = They are climbing up the stairway[staircase].
- They're relaxing[resting] on the stairs. 계단에 앉아 쉬고 있다
- The woman is resting at the bottom of the steps. 계단 아래쪽에 앉아 있다
- The people are resting on top of the stairs. 계단 맨 위에 앉아 쉬고 있다
- People are moving in different directions. 사람들이 계단을 오르내리고 있다

❸ 물체가 벽에 붙어 있는 장면 against the wall이 들리면 정답

- Two machines are located against the wall. 기계들이 벽에 붙어 있다
- The publications are displayed against the wall. 서가가 벽에 붙어 있다

❹ 기타 상태 장면

바다/강/호수 주위 사진
- The houses overlook the water. 바다나 강이 내려다보이는 언덕 위에 집들이 있다
- The hillside extends up from the beach. 해변 바로 옆에 언덕이 있다

교통수단과 관련한 장소 사진
- There is a plane parked at the airport[in the terminal]. 비행기가 공항에 서 있다
- A portable staircase has been brought up to the door.
  비행기 문에 이동 트랩이 세워져 있다
- The helicopters have landed on the grass[an airstrip].
  잔디 위에[활주로에] 헬리콥터가 앉아 있다
- The suitcases are on the conveyor belt[carrousel].
  공항의 컨베이어 위에 여행가방들이 있다

- Some boxes have been loaded onto a moving belt.
  박스들이 컨베이어 벨트 위에 올려져 있다
- The truck is loaded with lumber. 트럭에 목재가 실려 있다

  집 또는 고층건물 주위 사진
- Flowers are in bloom around the building. 담쟁이 넝쿨이 건물을 둘러싸고 있다
- Plants have been set out on the balcony. 발코니에 화분들이 있다
- The plants are beside the entrance. 출입구 옆에 화초들이 있다
- A house is decorated with window boxes. 집 창문에 조그만 화분들이 내걸려 있다
- The wood has been chopped into pieces. 장작이 패져 있다
- There are umbrellas over some of the tables. 테이블 위로 파라솔이 쳐져 있다
- Each of the apartments has a balcony. 아파트마다 발코니가 있다
- Most of the windows have light colored frames. 창틀이 모두 흰색이다
- The buildings are built in a similar style. 건물들이 비슷하게 생겼다
- The windows are arranged symmetrically. 창문들이 좌우 대칭이다
- Columns support the front of the building. 기둥들이 건물 앞부분을 받치고 있다
- The floor has been polished to a shine. 건물 바닥이 깨끗하게 닦여져 있다
- The building has many stories. 고층건물이다
- There are many skyscrapers[tall buildings] in the city. 고층건물이 많은 도시 사진
- One of the buildings is larger than all of the others. 한 건물이 다른 건물보다 유난히 크다
- The fountain has been turned on. 분수가 켜져 있다

  방 안이나 사무실 등 실내 장소 사진
- One of the beds has not been made. 한 침대가 침구정리가 안 돼 있다
- The blinds are drawn. 방에 블라인드가 쳐져 있는 사진
- The room is decorated with full balloons. 방이 풍선들로 장식되어 있다
- There are bookshelves from floor to ceiling. 서가들이 바닥부터 천장까지 닿아 있다
- Labels have been attached to the bottles. 생수 병에 라벨들이 붙어 있다

  서점/도서관의 서가에 책이 진열되어 있는 사진
- The shelves are filled with books. 서가에 책들이 가득 차 있다

  = The shelves are full of books.

  = Books are arranged on the shelves. 서가에 책이 진열되어 있다

  자연 풍경 및 야외 장소 사진
- Plants are growing around the ruins. 폐허 주변에 잡목들이 우거져 있다
- The landscape in this area is dry and rocky. 메마르고 바위가 많은 풍경이다
- An archway has been built over the path. 길 위로 아치가 있다
- The road curves into the distance. 멀리 길이 휘어져 있다
- The animals are standing in a field. 젖소들이 들판에 서 있다

  = The cattle are grazing in the pasture. 젖소들이 들판에서 풀을 뜯고 있다

- The road passes by a wooded area. 숲 옆으로 도로가 나 있다
- Trees have been planted along the street. 길 가에 나무들이 있다
- The trees are full of leaves. 나뭇잎이 무성하다
- Trees have lost their leaves. 잎이 져서 앙상하다

❺ 복합 상태 장면

양쪽에 각각 하나씩 있을 때 - on either[each] side of ~, on both sides of ~가 들리면 정답

- There is a lamp on either side of the sofa. 소파 양쪽에 스탠드가 하나씩 있다
- There are lamps on each side of the bed. 침대 양쪽에 스탠드가 하나씩 있다
- There are chairs on both sides of the table. 테이블 양쪽에 의자가 하나씩 있다

~의 아래에(밑에) 있을 때 - at the foot of ~ = at the bottom of ~이 정답으로 나옵니다.

- There are buildings at the foot of the lighthouse. 등대 아래쪽에 집들이 있다
- There is a lake at the bottom of the hill. 언덕 아래에 호수가 있다

그 외 표현들

- The globe has been placed next to the desk. 책상 옆에 지구본이 놓여 있다
- There is a lamppost next to the dock. 부두 옆에 가로등이 있다
- There is a framed picture next to the bookcase. 서가 옆에 액자가 걸려 있다
- Light is coming from the window at the rear of the room.
  방 뒤쪽 창문에서 햇빛이 들어오고 있다
- A flowerpot has been placed on the stairs by the wall.
  벽 옆의 계단 위에 화분이 놓여 있다
- There is a rug under the table. 테이블 아래에 융단이 깔려 있다
- Some hats have been arranged above the luggage.
  짐 가방 위에 있는 선반에 모자들이 진열되어 있다
- Some items have been displayed in front of the store. 가게 앞에 물건들이 진열되어 있다
- The store is to the right of the people. 사람들 오른쪽으로 가게가 하나 있다
- There are some chairs and a table alongside the van.
  밴 옆을 따라 의자들과 탁자가 놓여 있다

• Direction은 생략합니다.
• 정답은 189쪽에서 확인, 스크립트와 해설은 홈페이지(www.dobedobe.com) 자료실에 있습니다.

1

2

3

4

GO ON TO THE NEXT PAGE

5

6

7

8

GO ON TO THE NEXT PAGE

9

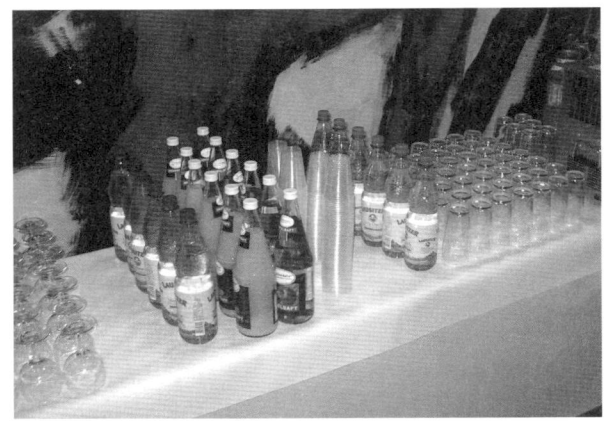

10

• Direction은 생략합니다.
• 정답은 189쪽에서 확인, 스크립트와 해설은 홈페이지(www.dobedobe.com) 자료실에 있습니다.

1

2

GO ON TO THE NEXT PAGE

3

4

5

6

GO ON TO THE NEXT PAGE

7

8

9

10

'사진'을 보면 이것부터 판단하라!

1. 문제가 들리기 전에 사진을 미리 살펴보라.

2. 사진에 없는 사람이나 사물이 들리는 선택문항은 오답이다.

3. 유사발음에 유의하라.

4. 무언가를 착용하고 있거나 휴대하고 있으면 주목하라.

5. wear(상태)와 put on(동작)을 구별하라.

6. 위치표현에 주목하라.

7. 줄지어 있는 사진에서는 row나 line을 기대하라.

8. '동작' 사진은 100% '현재진행' 시제가 정답, '상태' 사진은 대부분 '현재완료'나 '현재' 시제가 정답이다.

9. all, everyone 등을 사용하는 선택문항은 대부분 오답이다.

PART 2

요령을 모르면 가장 어렵고, 요령만 알면 가장 쉽다!

Part 2는 토익 Listening 섹션에서 질문과 정답의 규칙성이 가장 명확하게 드러나는 부분입니다. 즉 정확히 알아듣지 못해도 문제 유형에 따른 〈나쁜 요령〉만 이미 알고 있다면 정답을 쉽게 알아맞힐 수 있다, 이런 말이지요.

반대로 이런 요령을 접해 보지 못한 수험생들에게는 점수가 가장 잘 나오지 않는 골치 아픈 파트이기도 합니다. Part 1에는 사진이라도 나오고 Part 3와 Part 4는 문제라도 볼 수 있지만, 이 Part 2는 오로지 청각의 힘과 기억력에 모든 걸 의지해야 하니까요.

어떤 수험생은 문제를 제대로 알아듣고도 선택문항을 듣는 동안 다 까먹어서 정답을 못 찾는다고 하소연을 하더군요. 그러니 제가 말씀 드릴 〈나쁜 요령〉들이 얼마나 중요한 건지 아시겠지요?

Part 2는 전체 30문항 중에서 의문사(how/what/where/when/why/who/which)로 시작하는 문제가 50~55%(15~17개)를 차지하고, 의문사로 시작하지 않는 일반 의문문 문제가 45~50%(13~15개)를 차지합니다. 의문사로 시작하지 않는 일반 의문문 문제도 여러 유형으로 갈라지는데 단순 의문문 문제가 10~15개, A or B의 선택의문문 문제가 2~4개, 부가의문문이 1~2개 정도 됩니다. 그럼 먼저 의문사로 시작하는 의문문은 어떤 유형이 있는지 함께 보겠습니다.

의문사로 시작하는 문제를 푸는 6가지 원칙

의문사로 시작하는 질문에 대한 기본적이면서도 중요한 전략과 요령을 먼저 알려드리고, 보다 구체적인 각 의문사별 〈나쁜 요령〉들은 그 뒤에 차근차근 문제와 함께 하나씩 알려 드리도록 하겠습니다.

---

1 의문사로 시작하는 질문은 Yes나 No로 대답할 수 없다.

의문사 의문문에서 가장 중요한 요령 중의 하나입니다. 대답의 내용에 상관없이 Yes나 No로 시작하는 선택문항은 오답입니다. 대부분의 의문사 의문문에서 하나의 오답은 Yes나 No로 시작하는데, 최소한 그 선택문항은 일단 제외하면 됩니다. 다만, 나중에 본문에서도 설명하겠지만 제안이나 권유 의문문인 Why don't we[you] ~?만 예외적으로 Yes/No로 대답할 수 있습니다. 그러나 빈도가 매우 낮아 무시해도 좋을 정도입니다.

---

2 맨 앞의 의문사를 절대로 놓치지 말아라.

의문사 의문문은 질문 맨 앞에 들리는 의문사를 잡는 것에 달려 있다고 해도 과언이 아닙니다. 문제의 80~90%는 의문사만 잘 기억해도 해결할 수 있으므로, 의문사를 놓치는 순간 문제를 해결하기가 어려워집니다. 물론 문제를 완벽하게 해결하기 위해서는 가장 중요한 세 가지 요소인 「의문사＋동사＋주어」까지는 기억할 수 있도록 해야 합니다. 이 세 가지 key words만 정확하게 이해하면 그 이하의 내용을 알아듣지 못했다 해도 문제를 해결할 수 있지만 반대로 이 key words를 놓치면 그 이하의 내용을 다 알아들어도 해결하기 힘듭니다. 즉, 어떤 일이 있어도 스타트를 놓쳐서는 안 됩니다.

---

3 정답으로만 쓰이는 표현은 따로 있다.

질문의 유형마다 또는 유형에 관계없이 공식처럼 들리면 무조건 정답인 표현들이 있습니다. 문제 유형과 종류별로 본문에 완벽하게 정리되어 있는 정답표현들을 외워만 두세요. 그러면 내용을 전혀 알아듣지 못해도 의문사 의문문의 적어도 90% 이상은 저절로 해결됩니다.

---

4 질문에서 들은 어휘와 같거나 유사한 발음이 들리면 오답이다.

Part 2 문제 전체에 적용되는 요령으로 내용을 잘 이해하지 못한 상태에서 질문에서 들은 어휘나 유사한 발음이 들리는 선택문항은 왠지 질문과 관련이 있을 것 같지만 대부분은 오답입니다(유사 발음 90% 이상, 유사 표현 99% 이상 오답). 즉 같거나 유사한 표현이 많이 들리는 선택문항일수록 정답에서 멀어지고, 무슨 말인지 잘 몰라도 질문에서 들어보지 못한 뭔가 새로운 표현들로 구성된 선택문항이 거의 대부분 정답이라는 뜻이죠. 쉽게 말해 '낯선 선택문항에서 정답의 향기가 나고 왠지 아까 질문에서 들었던 것 같은 표현이 들리는 선택문항은 오답의 악취가 난다'입니다. 다만 나중에 본문에서 설명하겠습니다만 질문의 특성상 의문사 바로 뒤에 나오는 형용사나 부사는 반복되어도 되는데 예를 들어서 How many times ~? 질문에 대한 답변으로 세 번 이상이면 three times/four times 등이라고 하므로 times가 반복될 수밖에 없겠죠. 이런 경우를 제외하고는 같은 어휘가 들리는 선택문항은 오답이라고 보면 됩니다.

5   불완전한 구조의 선택문항이 대부분 정답이다.

역시 모든 Part 2 문제 유형에서 적용되는 요령으로 「주어+동사 ~」가 들어간 문장이 아니라 '단어'나 '구'와 같은 불완전한 구조의 선택문항이 대부분 정답입니다. 한 번 사용한 말을 가급적 반복하지 않기 때문이죠. 가령, Where did you put that file?에서 굳이 I put that file on the table.이라고 하지 않고 그냥 On the table.이라고 해도 충분하기 때문입니다. 따라서 두 개의 선택문항이 「주어+동사 ~」가 들어간 문장으로 구성되어 있고, 나머지 하나의 선택문항이 '단어'나 '구'로 구성되어 있다면 그것이 정답일 확률이 상당히 높습니다. 물론 이런 경우 질문의 급소를 잡아서 확실하게 해결하려는 노력을 최대한 하면서 보조 수단으로 요령을 사용해야겠지요.

6   오답을 제거하면 정답이 나온다.

문제를 해결하는 방법은 두 가지가 있습니다. 질문과 정답을 이해해서 해결하는 것이 가장 이상적이겠지만, 정답을 판단하지 못할 때 역으로 나머지 두 개의 오답을 제거하는 것도 매우 좋은 문제 해결법입니다. 실제로 상당한 수준에 이른 사람도 이런 오답 제거 방식을 적용하는 경우가 적지 않습니다. 그런 방법이 어떻게 가능한지 다음 기출 문제를 통해 살펴볼까요?

When will the <u>market research</u> be available to everyone?

(A) I believe the <u>market</u> is very profitable.
(B) **After** the results are analyzed.
(C) Yes, everybody was satisfied with the <u>research</u>.

질문의 핵심인 '시간표현'이 들어간 것은 (B)밖에 없습니다. 하지만 역으로 오답들을 살펴보면 (A)는 '시간표현'도 없지만 질문에 사용된 market을 반복해서 오답확률을 더욱 높이고 있습니다. 그리고 (C)에서와 같이 이런 의문사 의문문에서 Yes가 들리면 무조건 오답입니다. 게다가 research까지 반복하니 절대 정답이 될 수 없습니다. 잘 알아듣지 못해도 당황하지 말고 오답인 요소를 제거하면 얼마든지 문제를 해결할 수 있습니다. 다양한 오답 제거 요령은 곧 본문에서 익히게 됩니다.

How로 시작하는 의문문, 이것만 확인하라 (MP3) 07

가장 빈도가 높은 「How+형용사/부사 ~?」형의 문제는 그 형용사나 부사의 '정도'를 묻는 것입니다. 따라서 그 정도를 나타내는 선택문항이 정답입니다. 또한 기타 「How ~?」 문제는 How의 원래 의미(어떤/어떻게)에 그대로 '상태'나 '방법'을 설명하는 선택문항을 고르는 연습을 하면 됩니다.

문제 스크립트의 진한 글씨는 〈나쁜 요령〉을 다시 한 번 상기하라는 의미, 선택문항 중 진한 글씨는 〈나쁜 요령〉이 적용된 정답, 그리고 선택문항의 밑줄 친 단어는 문제에 나온 단어가 반복되면 오답이라는 것을 알려 주기 위한 표시입니다. 또한 이탤릭체는 의미가 유사하거나 말바꾸기(paraphrase)한 표현의 표시입니다.

1

How much ~?는 '액수'나 '금액'을 묻는 것이므로 '숫자'가 들리면 정답

'숫자'로 대답하지 않는 경우는 대부분 Let me check ~(제가 확인해 보겠습니다).가 정답으로 나옵니다.

① **How much** did you pay for the suit?

(A) Please <u>suit</u> yourself.

(B) If my memory serves me right, about **five hundred dollars**.

(C) I think it <u>suits</u> me well.

나쁜 해설 😊 How much ~?는 '가격, 금액'을 묻는 질문입니다. '숫자'가 들어간 것은 (B)밖에 없네요. (A), (C)처럼 문제에서 나온 어휘와 같거나 유사한 발음의 어휘(suit)를 반복하는 선택문항은 거의 대부분 오답입니다.

정답 (B)　**해석** 그 정장 얼마주고 샀나요?　(A) 좋을 대로 하십시오.　(B) 제 기억이 맞는다면 500달러 정도였을 겁니다.　(C) 저한테 잘 맞네요.

② **How much** did the property sell for?

(A) It's quite a big <u>sale</u>.

(B) Yes, it's being <u>properly</u> operated.

(C) **Twice its original price**.

나쁜 해설 😊 '숫자'가 들리는 것은 (C)밖에 없네요. (A) sale은 sell과 발음이 유사한 점을 이용한 오답이며, (B) 의문사로 시작하는 질문은 Yes/No로 대답하면 무조건 오답입니다. 또한 property와 발음이 유사한 properly로 혼동을 유도하려는 의도가 숨어있는 거 보이죠?

정답 (C)　**해석** 그 부동산은 얼마에 팔렸나요?　(A) 상당히 큰 세일입니다.　(B) 예, 그건 제대로 작동되고 있습니다.　(C) 원래 구입한 가격의 두 배에 팔렸습니다.

❸ How much is the wallet in that case?

(A) <u>Casey</u> is out of the office now.

(B) **Let me check** the price.

(C) We have to paint the <u>wall</u> again.

나쁜 해설 🔊 '숫자'로 대답하지 않을 때는 Let me check ~(제가 확인해 보겠습니다)로 자주 출제됩니다. 들리면 바로 선택하세요. (A) case와 발음이 비슷한 사람 이름 Casey로 유도하고 있고, (C) wallet과 발음이 유사한 wall로 유도하려는 의도가 보입니다. 이처럼 오답은 문제에서 들린 어휘와 같거나 비슷한 발음의 어휘를 들려줘서 유도하는 경우가 많기 때문에 그것을 오히려 역이용하면 더욱 쉽게 문제를 해결할 수 있습니다.

정답 (B) 해석 저 진열장 안에 있는 지갑은 얼만가요? (A) Casey는 지금 사무실에 없습니다. (B) 제가 가격을 확인해보겠습니다. (C) 벽을 다시 페인트칠 해야겠습니다.

How long ~?은 '기간'을 묻는 것이므로 '기간'이 들리면 정답

'얼마나 오랫동안'을 묻는 How long ~? 문제에서는 거의 대부분 「(For)+기간」 혹은 「Since + 과거시점」이 정답으로 출제되며, 간혹 '기간' 대신 「at+시각」으로 표현하기도 합니다. How long ~?은 길이를 나타낼 수도 있지만 길이는 항상 오답으로 나온다는 것을 알아두세요.

❶ How long have you been working for the company?

(A) About five kilometers, I think.

(B) **For about three years**.

(C) I'm <u>working</u> in the planning department.

나쁜 해설 🔊 How long ~? 문제에서 「(For)+기간」이 들리면 100% 정답입니다. (A) 길이는 오답으로만 출제되고, (C) 장소표현이 들리므로 Where ~? 문제에 어울리는 대답이죠. 또한 working을 반복 사용하여 오답으로 유도하고 있습니다.

정답 (B) 해석 회사에 근무하신 지가 얼마나 되셨나요? (A) 약 5킬로미터 같습니다. (B) 한 3년 됐습니다. (C) 기획부서에서 근무하고 있습니다.

❷ How long have you served on the committee?

(A) Just **since last month**.

(B) We've been <u>committed</u> to providing better services.

(C) They <u>serve</u> excellent seafood.

나쁜 해설 🔊 How long ~? 문제에서 「Since + 과거시점」이 들리면 100% 정답입니다. (B) '기간'도 없지만 committee와 발음이 유사한 committed를 이용하여 착각을 유도하고 있으며, (C)도 마찬가지로 serve를 반복하여 유도하려는 의도입니다.

정답 A 해석 그 위원회에 근무하신 지 얼마나 되셨나요? (A) 한 달 밖에 안 됐습니다. (B) 저희는 더 좋은 서비스를 제공하는 데 전념하고 있습니다. (C) 그 집은 해산물이 정말 맛있습니다.

3

 MP3 09

How often ~?은 '빈도'를 물으므로 '~마다'와 같은 '빈도'가 들리면 정답

How often ~?은 '얼마나 자주' 혹은 '얼마마다'를 물으므로 빈도로 답한 선택문항을 고르면 됩니다. 다음은 빈도 문제에서 자주 출제되는 표현입니다.

- twice a week/three times a week 일주일에 두 번/일주일에 세 번
- every week/every month 매주/매달
- every other day = every two days 이틀에 한 번
- whenever ~[whenever I can/whenever it is necessary] ~할 때마다

---

1 **How often** do you have to submit the sales report?

(A) We <u>report</u> it to the director.

(B) I'm afraid everything is sold out.

(C) Usually **two or three times a week**.

나쁜 해설 😈 '빈도'로 대답한 선택문항은 (C)뿐입니다. (A)는 Who do you report to?에 어울리는 대답이며, report를 반복 사용하여 오답확률을 더 높여 주고 있습니다.

정답 (C) **해석** 판매보고서는 얼마마다 제출해야 합니까? (A) 우리는 그걸 이사님에게 보고합니다. (B) 죄송합니다만 물건이 다 팔렸습니다. (C) 보통 일주일에 두세 번 제출합니다.

---

2 **How often** do you ship out orders to Europe?

(A) All right. I'll <u>order</u> for you.

(B) For two hours.

(C) **Every other week**.

나쁜 해설 😈 How often ~?에 대해 '빈도'로 대답한 것은 (C)뿐입니다. (A)는 일단 빈도표현이 없고 order를 반복하고 있으며, (B)에서는 '빈도'와 '기간'을 착각하면 안 됩니다. 「For + 기간」은 How long ~?에 대한 대답입니다.

정답 (C) **해석** 주문받은 물건은 얼마마다 유럽으로 발송합니까? (A) 알겠습니다. 제가 당신 대신 주문하겠습니다. (B) 2시간 동안. (C) 2주에 한 번씩 보냅니다.

4

MP3 10

How soon[quickly] ~?/How late ~?은 「by/until+시간표현」이 들리면 정답

How soon[quickly] ~?, How late ~?은 '얼마나 빨리' 혹은 '얼마나 늦게까지'를 묻는 질문이므로 시간표현이 정답입니다. 거의 대부분 「by/until + 시간」이 정답으로 출제되고 간혹 It shouldn't take much longer. 나 It's open 24 hours a day.로도 대답합니다.

1 **How soon** will you be able to get the budget report ready?

(A) To the accounting office.

(B) **By next week**, I think.

(C) She hasn't <u>read</u> today's paper.

나쁜 해설 😊 How soon[quickly]/How late ~?은 「by/until + 시간」이 들리면 100% 정답입니다. (A)는 장소표현으로 가령, Where do you submit the report to?에 어울리는 대답입니다. (C) 주어부터 질문과 어울리지 않으며, 문제에 나온 ready와 유사한 발음의 read를 반복해서 오답임을 강력하게 암시하고 있습니다. 질문에서 들린 어휘와 유사한 어휘가 들리면 대부분 오답이라는 것을 잊지 맙시다.

정답 (B) 해석 얼마나 빨리 예산 보고서를 준비할 수 있나요? (A) 회계부서로. (B) 아마 다음 주까지는 될 겁니다. (C) 그녀는 오늘 신문을 읽어보지 않았습니다.

---

2 **How late** is the post office open?

(A) Well, as far as I know, it's open **until five p.m.**

(B) The memo is <u>posted</u> on the notice board outside the <u>office</u>.

(C) There are <u>eight</u> clerks working the day shift.

나쁜 해설 😊 How soon[quickly]/How late ~?은 「by/until + 시간」이 들리면 100% 정답입니다. (B) 요구되는 시간표현도 없지만 post와 office를 반복하고 있습니다. (C) late와 유사한 발음의 eight을 이용하고 있네요.

정답 (A) 해석 우체국은 언제까지 문 여나요? (A) 오후 5시까지 하는 걸로 알고 있는데요. (B) 회람은 사무실 바깥의 게시판에 게시되어 있습니다. (C) 주간 근무하는 직원은 여덟 명입니다.

(MP3) 11

How far ~?는 '거리를 나타내는 숫자'가 들리면 정답

예를 들면 twenty kilometers, forty miles, two blocks away 등이 가장 자주 등장하는 정답입니다. 구체적인 거리를 표현하지 않을 때는 Not that far.=Not much further.(그렇게 멀지 않다)로 출제되며 간혹 It's just a five minute walk./It's a ten minute ride by taxi.(걸어서 몇 분 거리/택시로 몇 분 거리) 등과 같이 거리 대신 시간으로 나타내는 표현이 출제되기도 합니다.

---

1 **How far** is it to Pine Street from Silver Avenue?

(A) About **40 miles**.

(B) I usually go there twice a week.

(C) You can get there by train.

나쁜 해설 😊 How far ~?는 거의 대부분 이와 같이 '거리를 나타내는 숫자'가 정답입니다. (B) twice a week와 같은 빈도표현은 How often ~?에 대한 대답입니다. (C) by train과 같은 교통수단은 How can I get to ~? 등의 질문에 어울리는 대답입니다.

정답 (A) 해석 Pine 가(街)에서 Silver 대로까지 거리가 얼마나 되나요? (A) 약 40마일 정도 됩니다. (B) 거긴 보통 일주일에 두 번 정도 갑니다. (C) 기차 타고 가시면 됩니다.

② How far do we have to go to the branch office?

(A) **Not much further**.

(B) It's far more difficult.

(C) We have to go there by train.

나쁜 해설 How far ~? 질문에 Not much further.나 Not that far.가 들리면 100% 정답입니다. (B)는 거리에 대한 표현도 없지만 far를 반복하면서 전혀 다른 의미로 사용하고 있습니다. 비교급 앞에서의 far는 '훨씬'이라는 의미의 강조 부사지요. 이처럼 반복되는 어휘는 질문에서 사용된 뜻이 아니라 거의 대부분 그 어휘의 부차적인 의미로 사용됩니다. (C)는 아주 오답임을 작정하고 있죠? 문제에서 사용된 We have to go를 통째로 반복하고 있으니까요.

정답 (A) **해석** 지사까지 가려면 얼마나 가야 합니까? (A) 그렇게 멀지 않습니다. (B) 그건 훨씬 더 어렵습니다. (C) 거기 갈 때 기차타고 가야 합니다.

6

🎧 **MP3 12**

How many+명사 ~?는 '그 명사의 숫자'가 들리면 정답

How many+명사 ~?가 숫자를 묻는 것이니 따라서 '숫자'가 들어간 표현이 정답이 되겠지요. Part 2의 가장 중요한 〈나쁜 요령〉 중 하나인, 문제에서 사용된 어휘와 같거나 비슷한 발음이 반복되는 문항은 대부분 오답이라는 점을 다시 한 번 상기하면서 문제 푸는 훈련을 하세요.

① How many copies of this document do you want me to make?

(A) Yes, I sent those copies last week.

(B) I need about **fifteen** for the conference.

(C) I don't like coffee.

나쁜 해설 😊 복사 분량과 관련하여 숫자가 들리는 것은 (B)밖에 없습니다. (A) 의문사로 시작하는 문제는 Yes/No로 대답할 수 없으므로 내용에 상관없이 탈락됩니다. 또한 copies를 반복하고 있는 것도 오답확률을 높여주는 요건이지요. (C) 숫자도 없을 뿐 아니라 copy와 발음이 유사한 coffee를 반복하고 있습니다.

정답 (B) **해석** 이 서류를 몇 부나 복사할까요? (A) 예, 그 복사물들은 지난주에 보냈습니다. (B) 회의에 쓸 거니까 한 15부 정도 필요합니다. (C) 저는 커피를 좋아하지 않습니다.

② How many vacation days do you have left?

(A) I left the file on the shelf.

(B) I'm planning to go to Hawaii.

(C) I have **six** more.

나쁜 해설 😊 '숫자'로 대답하는 것은 (C)밖에 없습니다. (A) Where did you put the file?에 어울리는 대답이고, (B) 장소 표현이므로 Where are you going for vacation?과 같은 질문에 어울리는 대답입니다.

정답 (C) **해석** 휴가가 며칠 남았습니까? (A) 그 파일을 선반 위에 뒀습니다. (B) 하와이로 갈 예정입니다. (C) 6일 남았습니다.

7

(MP3) 13

How many times ~?는 '횟수'가 들리면 정답

'몇 번인가'를 묻는 질문이므로 당연히 '횟수'가 들리는 선택문항이 정답이지요. 이때 주로 나오는 오답은 시간이나 기간을 나타내는 표현입니다. 반드시 once, twice, three times, five times 등의 횟수가 나오는지 안 나오는지 잘 들으세요.

❶ **How many times** do we have to change trains?

(A) I'm sorry. I don't have any <u>change</u>.
(B) Just **twice**.
(C) I think the <u>training</u> starts at 2 o'clock.

나쁜 해설 😰 '횟수'가 들리는 선택문항은 오직 (B)입니다. (A) 횟수에 대한 내용도 없지만 change를 반복하여 오답임을 암시하고 있습니다. (C)에서 at 2 o'clock과 같은 '시각'은 When[What time] does the training begin? 등에 어울리는 대답입니다.

정답 (B) **해석** 우리가 기차를 몇 번이나 갈아타야 합니까? (A) 미안하지만, 잔돈이 없네요. (B) 두 번만 갈아타면 됩니다. (C) 교육이 2시에 시작할 겁니다.

8

(MP3) 14

How do/did you like ~?은 자신의 '느낌'이나 '생각'을 표현해야 정답

How do/did you like ~?로 묻는 질문은 '~이 어때요/어땠어요?'라는 상대방의 느낌을 묻는 질문입니다. 대부분 '좋다/나쁘다' 등의 생각이나 느낌을 표현하는 형용사가 들리는 문항이 정답이지요.

❶ **How do you like** the new movie?

(A) At the *cinema* downtown.
(B) It's just **fantastic**.
(C) The <u>movie</u> will be playing for two weeks.

나쁜 해설 😰 생각이나 느낌을 표현하는 형용사(fantastic)가 들리는 것은 (B)밖에 없습니다. (A) 「At/On/In + 장소」는 Where ~?에 대한 대답이고 (C) movie를 반복해서 유도하고 있으며, 「for two weeks」와 같은 기간표현은 How long ~?에 대한 대답입니다.

정답 (B) **해석** 새로 나온 그 영화 어때요? (A) 시내에 있는 그 영화관에서요. (B) 정말 멋있는 영화입니다. (C) 그 영화는 2주 동안 상영될 겁니다.

❷ **How did you like** the T-bone steak at that restaurant?

(A) It wasn't <u>like</u> me at all.
(B) It was a lot **better** than I thought it would be.
(C) You need to make a reservation to get a window seat.

나쁜 해설 😰 생각이나 느낌을 표현하는 형용사(better)가 들어간 것은 (B)밖에 없습니다. (A) 질문에 대한 느낌이나 생각을 대답하지도 않았지만 like를 반복함으로써 오답일 확률이 높습니다. 질문의 like는 동사지만 여기서 like는 '~와 같이/처럼'라는 뜻의 전치사로 쓰이고 있습니다. (C) 주어부터 질문과 맞지 않네요. You로 물었으니 I나 We로 대답해야 하는데 오히려 상대방에게 '무엇을 해야 한다'는 동문서답이죠.

정답 (B) **해석** 그 식당의 T-bone 스테이크 맛이 어땠어요? (A) 그건 전혀 나답지 않았습니다. (B) 생각했던 것보다 훨씬 좋았습니다. (C) 창가 자리에 앉으려면 예약해야 합니다.

9

(MP3) 15

How would you like to do ~?는 '동의'나 '수락' 표현이 들리면 정답

How would you like to do ~?는 '~하는 게 어떨까요?'라는 '제안'이므로 동의나 반대 등 자신의 입장을 밝히는 선택문항이 정답으로 나옵니다. 대부분 '동의'를 뜻하는 형용사를 쓴 것이 정답으로 How do you like ~?와 크게 다르지 않습니다.

자주 출제되는 정답표현

좋다/기꺼이 그렇게 하겠다

- That would be great[nice, fantastic].
- I'd be delighted[happy, pleased] to.= I'd love to.
- That sounds good[great].
- That's a good[great] idea.
- I like it very much.

1 **How would you like to go** to the music festival tomorrow?

(A) It's located on Fifth Avenue.

(B) **That would be great**!

(C) Yes, it's been cancelled.

나쁜 해설 🎧 How would you like to do ~?는 대부분 '동의'를 나타내는 표현이 정답으로 특히 형용사(great)가 문항에 자주 나옵니다. (A)는 Where ~?에 어울리는 대답이고, (C) 의문사로 시작하는 질문은 일단 Yes/No로 시작하는 선택문항은 오답입니다.

정답 (B) **해석** 내일 그 음악 페스티벌에 가는 게 어때요? (A) 그곳은 Fifth 대로에 있습니다. (B) 좋지요! (C) 예, 취소되었습니다.

2 **How would you like to join** us for dinner after work?

(A) **I'd be delighted to**.

(B) I'll have a steak and salad.

(C) Yes, I'll <u>work</u> overtime tonight.

나쁜 해설 🎧 How would you like to do ~?는 '동의'를 나타내는 표현이 정답으로 주로 형용사(delighted)가 문장에 나옵니다. (B)는 What would you like to have for dinner? 등에 어울리는 대답이며, (C) 의문사로 시작하는 질문에 일단 Yes/No로 시작하는 선택문항은 오답이죠.

정답 (A) **해석** 퇴근 후에 우리와 같이 저녁 먹으러 가는 게 어때요? (A) 좋습니다. (B) 저는 스테이크와 샐러드를 먹겠습니다. (C) 예, 오늘밤에 야근할 겁니다.

10

How[What] about ~?은 '동의' 또는 '거절' 표현이 들리면 정답

How[What] about ~?는 '~하는 게 어떨까요?'라는 '제안'으로, 이에 대한 동의나 거절을 표현해야 합니다. 거의 대부분 긍정적인 '동의'를 나타내는 표현(Sounds good[great]./That would be nice[great]./That's a great idea. 등)이 정답으로 출제됩니다. 거절할 때는 I'm afraid[sorry] I can't ~/I'd like to, but I can't ~/I wish I could, but I can't ~ 등을 사용하고 때로는 Let's ~로 응답자가 도로 제안을 하기도 합니다.

---

1 **How about joining** us for dinner?

(A) **That sounds great.**

(B) The <u>joint</u> project was quite successful.

(C) The document is in the filing cabinet.

나쁜 해설 😊 Sounds great./That would be nice./That's a great idea. 등은 '제안'에 대한 100% 정답으로 가장 자주 출제됩니다. (B) join과 발음이 유사한 joint를 이용하여 착각을 유도하고 있습니다. (C)는 (B)와 마찬가지로 제안에 대한 '동의'나 '거절' 표현도 없을 뿐 아니라 Where ~? 질문에 어울리는 대답입니다.

정답 (A) **해석** 저녁 먹으러 우리와 같이 가는 게 어때요? (A) 좋습니다. (B) 그 공동 프로젝트는 상당히 성공적이었습니다. (C) 그 문서는 서류정리 해두는 캐비닛 안에 있습니다.

---

2 **How about if** I come by this Friday night?

(A) Yes, it's hard to believe she's in her twenties.

(B) **That would be nice.** Let's have dinner together.

(C) No, we haven't met before.

나쁜 해설 😊 정답확률이 높은 Sounds great./That would be nice./That's a great idea. 등의 표현은 무조건 암기해 두세요. (A), (C) 의문사 의문문에서 Yes/No로 시작하는 선택문항은 내용에 관계없이 오답입니다.

정답 (B) **해석** 이번 금요일 밤에 제가 들러도 괜찮을까요? (A) 예, 그녀가 20대라는 게 믿기지 않아요. (B) 좋아요. 와서 저녁이나 같이 먹읍시다. (C) 아니오, 우리는 전에 만난 적이 없습니다.

---

3 **How about stopping** for a break?

(A) My car <u>broke</u> down this morning.

(B) **Let's** just finish this section first.

(C) The bus <u>stop</u> is just across the street.

나쁜 해설 😊 '제안'에 대한 정답으로 Let's ~도 자주 출제됩니다. '이것을 먼저 끝내고 쉬자'라고 상대에게 다시 제안을 하고 있습니다. (A) 질문의 끝에 사용된 break와 유사한 broke를 사용하여 착각을 유도하고 있으며, (C) stop을 반복하여 혼동을 유발하려 하고 있습니다.

정답 (B) **해석** 잠시 쉬었다 하는 게 어때요? (A) 제 차가 오늘 아침에 고장 났습니다. (B) 이 부분을 먼저 끝내고 쉽시다. (C) 버스 정류장은 바로 길 건너편에 있습니다.

11

(MP3) 17

How ~ get to ~?나 How ~ be transported?는 '교통수단'이나 '길'이 들리면 정답

How ~ get to ~?는 어떻게 가는지 '방법'을 물으므로 bus/taxi/car/plane[by air]/train 등 '교통수단'이나 찾아가는 '길'을 가르쳐 주는 것이 정답입니다. 또한 How ~ be transported?도 '~이 어떻게 운송되는가?'를 묻는 것이므로 by train/by ship[boat]/by air 등과 같은 '교통수단'이 들리면 정답입니다.

① **How** are you **getting to the factory** this afternoon?

(A) The *plant* is being renovated.

(B) The day <u>after</u> tomorrow.

(C) **By car**.

나쁜 해설 👓 How ~ get to ~?는 '교통수단'이나 '길'이 들리면 정답입니다. (A) 질문의 factory와 뜻이 유사한 plant를 써서 착각을 유도합니다. (B)는 When will you ~?에 어울리는 대답입니다.

정답 (C) **해석** 오늘 오후 공장에 갈 때 어떻게 갈 겁니까? (A) 공장은 현재 수리 중입니다. (B) 내일 모레요. (C) 자동차로 갈 겁니다.

② Excuse me, **how** do I **get to the airport** from here?

(A) The flight has been delayed two hours.

(B) It's far <u>from here</u>.

(C) **Take Pine Street to Madison Avenue**.

나쁜 해설 👓 How ~ get to ~?는 '교통수단'이나 '길'이 들리면 정답입니다. (A) two hours와 같은 기간표현이 들리면 How long ~?에 대한 대답이며, (B)는 How far ~?에 어울리는 대답입니다.

정답 (C) **해석** 실례합니다만, 여기서 공항에 가려면 어떻게 가야 합니까? (A) 비행기가 두 시간 지연되고 있습니다. (B) 여기서 멉니다. (C) Pine 가(街) 타고 Madison 대로로 가세요.

③ **How** will the shipment **be transported**?

(A) I'll leave in about ten minutes.

(B) It's located near the highway.

(C) It'll go **by air**.

나쁜 해설 👓 How ~ be transported?는 '교통수단'이 들리면 정답입니다. (A) 「in + 시간」 표현은 When will ~?에 어울리는 대답이며, (B) 장소표현은 Where ~?에 어울리는 대답입니다.

정답 (C) **해석** 선적 물건은 어떻게 수송할 겁니까? (A) 한 10분쯤 후에 떠날 겁니다. (B) 그곳은 고속도로 근처에 있습니다. (C) 항공편으로 갈 겁니다.

12

(MP3) 18

How did ~ go?는 어떻게 되었는지 '결과'를 말하는 것이 정답

대부분 '좋았다/안 좋았다' 등의 결과를 말하는 '형용사'가 들어간 선택문항이 정답입니다.

① How did the awards ceremony **go**?

(A) I took the bus to get there.
(B) The speeches were pretty **short**, which was **nice**.
(C) It was held in the conference hall.

나쁜 해설 😊　How did ~ go?는 '~이 어떻게 되었는가?'라는 결과를 묻는 질문이므로 (B)가 적합합니다. 이와 같이 대부분 '형용사(short, nice)'를 정답에 사용합니다. (A) 교통수단(took the bus)은 How did you get to ~?에 어울리는 대답이고, (C) 장소표현(in the conference hall)은 Where ~?에 어울리는 대답입니다.

정답 (B)　**해석** 시상식은 어떻게 됐나요?　(A) 거기에 버스타고 갔습니다.　(B) 사람들이 연설을 상당히 간단하게 해서 좋았습니다.　(C) 회의실에서 열렸습니다.

② How did your job interview **go**?

(A) It was **great**. I got the job.
(B) It happened three days <u>ago</u>.
(C) I got there by bus.

나쁜 해설 😊　'~이 어떻게 되었는가?'라는 결과를 물었으므로 (A)가 적합합니다. 이와 같이 대부분 '형용사'가 정답에 나오죠. (B) go와 유사한 발음의 ago로 유도하려는 의도가 보이며, three days ago와 같은 과거시점이 들리면 When did/was ~?에 어울리는 대답입니다. (C) by bus와 같은 교통수단은 How did you get[go] to + ~?에 어울리는 대답입니다.

정답 (A)　**해석** 면접 본 건 어떻게 됐나요?　(A) 잘 됐어요. 취직됐습니다.　(B) 그 일은 3년 전에 일어났습니다.　(C) 거기에 버스타고 갔습니다.

13

How do you feel about ~?는 '의견'이나 '생각'을 말하는 것이 정답

How do you feel about ~?은 '~에 대해서 어떻게 생각하세요?'를 묻는다. 따라서 자신의 '의견'이나 '생각'을 말한 답변이 정답입니다.

① How do you feel about transferring to the London branch?

(A) It's located near the highway.
(B) I don't have any plans for the weekend.
(C) **It wouldn't be a problem**.

나쁜 해설 😊　'의견'이나 '생각'을 언급한 답변은 (C)밖에 없습니다. (A)는 Where ~?에 어울리는 대답이고 (B)는 What are you going to do this weekend?에 어울리는 대답이네요.

정답 (C)　**해석** 런던지사로 가는 것에 대해 어떻게 생각하세요?　(A) 그곳은 고속도로 근처에 있습니다.　(B) 주말에 아무 계획이 없습니다.　(C) 별 문제 없을 것 같습니다.

② How do you feel about our new advertisement?

(A) **It's much better than the last one**.
(B) It's airing on channel five.
(C) Sure, here you are.

나쁜 해설 🎧 '의견'이나 '생각'을 말하는 것은 (A)밖에 없습니다. (B)는 Where is our new advertisement airing?에 어울리는 대답이며 (C) 의문사로 시작하는 문제는 Yes[Sure]/No로 대답할 수 없습니다.

정답 (A) 해석 우리 새 광고가 어떻습니까? (A) 지난 번보다 훨씬 더 좋은데요. (B) 5번 채널에서 방송됩니다. (C) 물론이죠, 여기 있습니다.

14
(MP3) 20

기타 How ~? 문제는 '상태(어떤)'나 '방법(어떻게)'을 나타내는 선택문항이 정답

How+be ~?는 '~은 어떤가?'를 묻는 의문문으로 '상태'나 '느낌'을 설명하는 것이 정답이 됩니다. How + 일반 동사(do/can/will) ~?는 '어떻게 ~하는가?'를 물으며, '방법'을 설명하는 것이 정답이 됩니다.

① **How's** the new accountant in your department?

(A) The <u>part</u> hasn't arrived yet.

(B) Not as **qualified** as we expected.

(C) He put the money in the <u>account</u> yesterday.

나쁜 해설 🎧 '상태'나 '느낌'을 묻는 How+be ~?은 대부분의 정답에 형용사(qualified)를 사용합니다. (A) apartment와 유사한 part를 이용하여 혼동을 주려는 의도가 있습니다. (C) accountant와 유사한 account를 써서 유도합니다.

정답 (B) 해석 당신 부서에 새로 온 회계사는 어떻습니까? (A) 그 부품은 아직 도착하지 않았습니다. (B) 기대했던 것보다 자질이 부족한 것 같습니다. (C) 그는 어제 그 돈을 계좌에 입금했습니다.

② **How did you find out** about Mr. Powell's leaving?

(A) I <u>found</u> it on the shelf.

(B) **Someone** from work told me.

(C) He transferred trains at the station.

나쁜 해설 🎧 어떻게 알게 되었는지 '방법'을 말해주는 선택문항은 (B)입니다. 또한 Part 2에서 이 문제처럼 someone/(the) one으로 대답하는 선택문항은 대부분 정답이죠. (A) find와 유사한 found를 통해 오답으로 유도하고 있으며, on the shelf와 같은 장소표현은 Where ~?에 어울리는 대답입니다.

정답 (B) 해석 Powell 씨가 회사를 그만 둔다는 걸 어떻게 아셨어요? (A) 그걸 선반 위에서 찾았습니다. (B) 회사에서 누가 말해주던데요. (C) 그는 그 역에서 기차를 갈아탔습니다.

③ **How did you know** today was my birthday?

(A) **The whole office is talking about it**.

(B) He moved closer to his office.

(C) Yes, everything is prepared for the party.

나쁜 해설 🎧 어떻게 알게 되었는지 방법을 말해주는 것은 (A)뿐입니다. (B) 질문과 관련이 없는 He에 대해서 말하고 있으며, (C) 의문사 의문문에서 Yes/No로 답변하는 선택문항은 일단 탈락시키세요.

정답 (A) 해석 오늘이 제 생일인 걸 어떻게 아셨나요? (A) 온 사무실이 지금 당신 생일 이야기를 하고 있어요. (B) 그는 사무실에서 가까운 곳으로 이사했습니다. (C) 예, 파티 준비가 다 됐습니다.

Why로 시작하는 의문문, 이것만 확인하라

매회 평균 2~5문제 출제되며 의문사로 시작하는 문제 중에서 출제빈도가 가장 높은 유형 중의 하나이며 자칫 틀리기 쉬우므로 주의해야 합니다. 크게 '이유'를 묻는 유형과 '제안'이나 '권유'를 나타내는 관용적인 유형 두 가지로 나누어집니다.

■ '이유'를 묻는 일반적인 Why ~? 문제 (MP3) 21

1

To 동사원형 ~, In order to 동사원형 ~/For+명사/So+S+can[may]+ 동사원형 ~로 시작하는 선택문항은 100% 정답

이유를 묻는 질문이므로 당연히 '~하기 위해서(목적)'나 '~때문에(이유)'를 의미하는 위의 표현들이 들리면 정답입니다.

- For three days와 같은 「For+기간」은 How long ~?에 대한 대답이므로 「For+명사」와 착각하지 않도록 하세요.
- 「So (that)+S+can[may]+동사원형 ~」에서 so that은 목적을 나타내는 대표적인 접속사로 Part 5, 6에도 자주 출제되므로 꼭 알아둬야 합니다. L/C에서는 대부분 that을 생략합니다.

2

Because는 정답으로 거의 나오지 않는다.

이유를 묻는 질문에 Because로 시작하는 선택문항이 정답이 되면 너무 쉽게 정답이 노출되어 변별력을 상실하게 되므로 정답에는 거의 등장시키지 않습니다. 따라서 Because가 들리기를 기대하지 않는 것이 좋아요(2년에 1회 정도 출제). 단, 이유를 나타내는 전치사구인 due to ~와 because of ~는 일 년에 1~2회 정답으로 출제되므로 암기해둬야 합니다.

① **Why** are you going to Seattle next week?

(A) I'll be back in about two <u>weeks</u>.
(B) It's very close to the plant.
(C) **To help** open a new branch.

나쁜 해설 📺 Why ~? 문제에서 「To 동사원형 ~」이 들리면 100% 정답입니다. (A)는 When ~?로 묻는 질문에 대한 답변이며, (B)는 Where ~?로 묻는 질문의 답변일 수 있습니다.

정답 (C)   **해석** 다음 주에 시애틀에는 왜 가시나요? (A) 약 2주 뒤에 돌아올 겁니다. (B) 그곳은 공장에서 매우 가깝습니다. (C) 새 지사 개설하는 걸 도와주러 갑니다.

② **Why** did you call a meeting for this afternoon?

(A) **In order to discuss** the upcoming project.

(B) The line was busy all morning.

(C) It's being held in conference room C-3.

나쁜 해설 📖 Why ~? 문제에서 「In order to 동사원형 ~」이 들리면 100% 정답입니다.

정답 (A) **해석** 오늘 오후에 왜 회의를 소집했나요? (A) 이번에 맡을 프로젝트에 대해 논의하기 위해서요. (B) 전화가 아침 내내 통화 중 이었습니다. (C) C-3 회의실에서 열리고 있습니다.

---

③ **Why** did you take two days off last week?

(A) Everything is under control, I think.

(B) **For personal reasons**.

(C) It's going to last a couple of weeks.

나쁜 해설 📖 Why ~? 문제에서 「For + 명사」가 들리면 100% 정답입니다.

정답 (B) **해석** 지난주에 왜 이틀을 쉬셨나요? (A) 모든 것이 잘 되어가고 있는 것 같습니다. (B) 개인적인 사정이 생겨서요. (C) 2주일간 계속될 겁니다.

---

④ **Why** did you come in so early today?

(A) I always use the subway.

(B) **So I could** turn in this report by noon.

(C) I left the door key in the drawer.

나쁜 해설 📖 Why ~? 문제에서 「So + S + can[may] + 동사원형 ~」이 들리면 100% 정답입니다.

정답 (B) **해석** 오늘은 왜 이렇게 일찍 출근하셨나요? (A) 저는 항상 지하철을 이용합니다. (B) 이 보고서를 정오까지 제출하려고요. (C) 그 문 열쇠는 서랍 안에 넣어뒀습니다.

---

⑤ **Why** isn't Mr. Jefferson coming to the staff picnic?

(A) Yes, I'm sure he'll like it.

(B) You can find it right across the park.

(C) **He already has other plans**.

나쁜 해설 📖 Why ~? 문제에서 「~ has other plans(다른 계획이 있다)」가 들리면 100% 정답입니다.

정답 (C) **해석** Jefferson 씨는 직원 야유회에 왜 못나오죠? (A) 예, 그는 틀림없이 그걸 좋아할 겁니다. (B) 공원 바로 건너편에 가면 있 습니다. (C) 이미 다른 계획이 잡혀 있답니다.

6 Why didn't Edwin get the promotion?

(A) **He just wasn't qualified.**

(B) He'll be attending the workshop for programmers.

(C) Sales have gone up since last quarter.

나쁜 해설 **QS** 「의문사＋주어＋동사」만 잘 기억하면 내용과 시제 등이 맞는 것은 (A)밖에 없죠.

정답 (A)　해석 Edwin이 왜 승진을 못했죠? (A) 단지 자격이 안 됐기 때문입니다. (B) 그는 프로그래머들을 위한 워크숍에 참석할 겁니다. (C) 지난 분기 이후로 판매가 늘었습니다.

7 Why is he taking a new job after only one year here?

(A) He majored in computer engineering.

(B) **He's been offered a better salary** somewhere else.

(C) The plant manager will come here today.

나쁜 해설 **QS** '임금을 더 주겠다는 제의를 받아서 회사를 옮긴다'고 답한 (B)가 내용상 가장 자연스럽네요. 흔히 주변에서 듣게 되는 상식적인 대화이므로 정답을 고르는 데 별로 어려움은 없습니다. 이렇게 자연스러운 대화 속에서 표현을 익히세요.

정답 (B)　해석 그는 여기서 근무한 지 일 년밖에 안 됐는데 왜 새 직장으로 옮기죠? (A) 그는 컴퓨터 공학을 전공했습니다. (B) 어디 다른 데로부터 더 좋은 급여를 제의 받았습니다. (C) 공장장이 오늘 여기에 올 겁니다.

8 Why didn't you tell me that the meeting was cancelled?

(A) **I just heard myself.**

(B) All the managers will attend the meeting.

(C) No thanks, I can manage it on my own.

나쁜 해설 **QS** '나도 방금 들어서 말을 못 해줬다'가 자연스러운 대답이겠죠. 최근에는 이런 유형의 정답도 빈번히 등장하고 있습니다.

정답 (A)　해석 왜 저에게 회의가 취소되었다는 얘기를 해주지 않았죠? (A) 저도 방금 들었습니다. (B) 모든 매니저들이 회의에 참석할 겁니다. (C) 괜찮습니다, 혼자 할 수 있을 것 같습니다.

■ '제안'이나 '권유'를 나타내는 Why ~? 문제 🎧 22

Why don't we ~? 함께 ~하는 게 어때요? – 제안
Why don't you ~? ~하는 게 어때요?/~하시지요? – 권유
Why don't I ~? 제가 ~하는 게 어떨까요? – 권유

1 제안이나 권유이므로 '동의'나 '거절'을 말하는 것이 정답이며, 의문사 의문문 중에서 유일하게 Yes/No로 대답할 수 있다.

2 이유를 묻는 질문이 아니므로 Because로 대답할 수 없다.

3 들리면 정답인 '동의' 또는 '거절' 표현이 있다.

자주 출제되는 '동의' 표현

- That sounds good/great! = Sounds good! 좋습니다
- That's a great/good idea! = What a great idea!
  = That really is a great idea. = That's probably a good idea. 좋은 생각입니다
- That'd be nice/great! 그러면 좋겠네요
- Sure./Of course. 물론이죠
- Alright. 좋습니다
- That would work out well for me. 저는 좋습니다
- I think I will. 그렇게 할 겁니다
- (Yes,) We can do that. 그럽시다
- (Thanks) I'd love to. = I'd be happy[glad, delighted] to. 좋습니다./기꺼이 그렇게 하죠
- It's OK with me. = It's fine with me. 저는 좋습니다
- I'm willing if ~ ~한다면 기꺼이 하겠습니다
- Yes, I think I might. 예, 안 그래도 그럴까 생각하고 있었어요
- I'd appreciate that. 그래주면 고맙죠 – 주로 Why don't I ~?에 대한 대답으로 쓰임

자주 출제되는 '거절' 표현

- I don't think I can. = I can't. 안되겠는데요.
- Unfortunately, I have other plans. 공교롭게도, 다른 계획이 있어서요.
- Thanks, but ~. 고맙습니다만, ~
- I'm sorry, but ~. 미안합니다만, ~
- I'd like to, but ~. 저도 그러고 싶습니다만, ~
- I'm afraid not. = I'm afraid ~. 아무래도 안 되겠는데요.
- No, thanks. 아니오, 감사합니다.
- I have a previous appointment. 선약이 있습니다.

① **Why don't we** celebrate winning the contract?

(A) I submitted the budget report to accounting.

(B) **That's a great idea**.

(C) I made a correction in the newsletter.

나쁜 해설 😊 Why don't we[you] ~? 문제에서 That's a great idea.는 100% 정답으로 거의 매회 출제됩니다.

정답 (B)　해석 우리가 계약을 따 낸 걸 축하하는 게 어때요? (A) 예산보고서를 회계부에 제출했습니다. (B) 좋은 생각이에요. (C) 회보에 틀린 부분을 수정했습니다.

---

② **Why don't you** join us for dinner this evening?

(A) **Sounds good**. What time shall we meet?

(B) She has to take care of the new assignment.

(C) Because I made a reservation.

나쁜 해설 😊 Why don't you[we] ~? 문제에서 Sounds good.은 100% 정답입니다.

정답 (A)　해석 오늘 저녁에 저녁 먹으러 우리와 같이 가는 게 어때요? (A) 좋습니다. 몇 시에 만날까요? (B) 그녀는 새로 맡은 과제를 처리해야 합니다. (C) 제가 예약했기 때문입니다.

---

③ **Why don't we** put the picture by the door?

(A) **That would be nice**.

(B) That was after it was decided.

(C) The picture came through really clearly.

나쁜 해설 😊 Why don't we[you] ~? 문제에서 That would be nice.는 거의 100% 정답입니다.

정답 (A)　해석 그 그림을 문 옆에 걸어두는 게 어떨까요? (A) 그게 좋겠군요. (B) 그것은 그 일이 결정된 후의 일이었습니다. (C) 그 사진은 정말 깨끗하게 잘 나왔습니다.

---

④ **Why don't you** help me prepare the sales presentation?

(A) No, we need to hire more sales representatives.

(B) The mail hasn't arrived yet.

(C) **I'd be happy to**.

나쁜 해설 😊 Why don't you[we] ~? 문제에서 I'd love to. 나 I'd be happy to. 등도 100% 정답으로 자주 출제됩니다. (A) sales presentation과 발음이 유사한 표현(sales representatives)이 들리므로 오답이네요.

정답 (C)　해석 판매 프리젠테이션을 준비하는 걸 좀 도와주시겠어요? (A) 아뇨, 우리는 더 많은 판매사원들을 고용해야 합니다. (B) 우편물이 아직 도착하지 않았습니다. (C) 기꺼이 도와드리죠.

⑤ Why don't you exchange the shirt if you don't like it?

(A) I have to <u>exchange</u> some pounds for dollars.

(B) **I can't. I lost the receipt**.

(C) I'd <u>like</u> to visit that place.

나쁜 해설 🐭 권유대로 할 수 없는 이유를 설명하는 유형의 대답입니다. I'd like to, but ~ 혹은 I'm afraid, but ~과 같은 형식적인 부분은 생략할 수 있습니다. (A), (C)는 질문에 호응하는 동의나 거절이 없을 뿐 아니라 질문에서 사용한 exchange와 like를 반복해서 오답이라는 힌트를 주고 있습니다.

정답 (B) **해석** 셔츠가 맘에 안 들면 교환하지 그러세요? (A) 파운드화를 달러로 환전해야 합니다. (B) 못 바꿔요. 영수증을 잃어버렸거든요. (C) 거기에 가는 걸 좋아합니다.

---

⑥ Why don't we raise some money for Sue's birthday?

(A) **That would work out well for me**.

(B) He said he would <u>raise</u> the rent.

(C) I'll take a week off.

나쁜 해설 🐭 Why don't we[you] ~? 문제에서 That would work out well for me.도 100% 정답으로 최근에 출제되기 시작한 표현입니다. (B) raise를 반복하여 유도하고 있는 게 보이네요.

정답 (A) **해석** Sue의 생일을 위해 돈을 좀 모으는 게 어떨까요? (A) 저는 좋습니다. (B) 그는 집세를 올리겠다고 했습니다. (C) 저는 일주일 쉴 예정입니다.

When으로 시작하는 의문문, 이것만확인하라 23

When으로 시작하는 문제는 당연히 시간표현이 나오는 선택문항이 정답이지요. 따라서 시간표현이 들어간 선택문항만 골라도
90% 이상을 쉽게 맞힐 수가 있습니다. 하지만 여기에도 몇 가지 함정이 도사리고 있다는 걸 꼭 기억하세요.

 When ~? 의문문은 동사의 시제를 기억하면 100% 맞는다.

동사의 시제가 현재나 미래면 미래 시간을, 시제가 과거면 과거 시간을 골라야 합니다. 미래 시간
을 나타내는 표현으로는 「In + 시간」과 「Next + 시간」이, 과거 시간은 「~ ago」와 「last ~」가 가장
자주 출제됩니다.

미래시제의 When ~? 100% 정답표현

- in + 시간 ~이후에 (in a couple of weeks/in about two months 등)
- next + 시간 다음 ~에 (next Tuesday/next week 등)
- any + 시간표현 (any minute 곧 /anytime 아무 때나 /any day 아무 날이나)
- some + 시간표현 언젠가 (some day next month/sometime after 2 o'clock 등)
- at + 시간 ~에 (at 10/at 8 p.m./at the board meeting 등)
- by + 시간 ~까지 (by the end of the week/by 3 등)
- on + 요일[날짜] (on March 1/on the last day of the month 등)
- 시간 + from now[today] (a month from now/two weeks from today 등)
- after ~/before ~ (after lunch/after the results are analyzed/before dinner 등)
- between ~ (between 12 and 2/between the hours of 10 a.m. and 5 p.m. 등)
- within ~ ~이내에 (within two weeks/within five to six weeks)
- 시간부사 (soon 곧, now 지금, tomorrow, this afternoon[evening], tonight 등)

과거시제의 When ~? 100% 정답표현

- 시간 + ago (five years ago/a few months ago 등)
- last + 시간 (last week/last month 등)
- 시간부사 (yesterday, this morning 등)

시제에 관계없이 When ~? 문제에서 들리면 정답인 표현

- 정답확률 100% : Not until ~/Not for ~
- 정답확률 90% : When ~/While ~/As soon as ~/Before ~/After ~/Until ~

자주 출제되는 '모른다' 유형의 정답

'모른다'는 대답은 앞서 Part 2 전략과 Skill에서 정리한 대로 When ~? 문제뿐만 아니라 모든 유형의 문제에서 자주 정답으로 출제됩니다. 보다 많은 '모른다' 표현은 118쪽에서 다시 다룹니다.

- They didn't give an exact date[time].
- I wish I knew.
- I don't know.
- I'm not sure.
- I have no idea.
- I'm still thinking it over. 아직 생각중이에요.
- I haven't been told yet.
- It hasn't been decided yet
- I haven't decided yet.
- The schedule hasn't been confirmed yet.
- It's up to you. = I'll leave it up to you.
- It depends./It depends on ~.

❶ When do you move into your new apartment?

(A) Last week.

(B) I hear the <u>new department</u> head will be appointed.

(C) **In a couple of weeks**.

나쁜 해설 🔊 「When + 현재/미래시제 동사 ~?」일 때 「In + 시간」이나 「Next + 시간」은 100% 정답입니다. (A)는 시간표현이긴 하지만 과거시제고, When did you ~?로 시작하는 물음에 대한 대답이지요. (B)는 시간도 나오지 않았지만, 문제에 나온 new apartment와 같은 단어를 반복함으로써 정답에서 멀어집니다.

정답 (C) 해석 새 아파트로 언제 이사갈 겁니까? (A) 지난 주에요. (B) 새 부서장이 임명될 거라고 들었습니다. (C) 2주 후에요.

❷ When did Mr. Woods start working for Pacific Construction?

(A) By making a correction in the report.

(B) **Three years ago**.

(C) You should read the <u>instructions</u> carefully.

나쁜 해설 🔊 「When + 과거시제 동사 ~?」일 때 「~ ago」나 「last + 시간」은 100% 정답입니다. (A) 「By + -ing」는 방법을 묻는 How ~? 질문에 대한 대답입니다. (C) 주어부터 질문과 어울리지도 않지만 construction과 발음이 비슷한 instruction을 이용하여 유도하려는 오답입니다.

정답 (B) 해석 Woods 씨는 언제부터 Pacific Construction에서 일했습니까? (A) 보고서의 틀린 곳을 수정해서요. (B) 3년 됐습니다. (C) 설명서를 잘 읽어보셔야 합니다.

❸ **When** do you expect the remodeling to be completed?

(A) **Not until next week**.

(B) The whole office building.

(C) It's far beyond our <u>expectations</u>.

나쁜 해설 😊 시간표현이 들어간 것은 (A)뿐입니다. When ~? 문제에서 「Not until ~」이나 「Not for ~」로 대답한 선택문항은 100% 정답입니다. (C) 질문에서 사용한 expect와 유사한 expectations를 이용하여 유도하는 전형적인 오답방식입니다.

정답 (A) **해석** 리모델링 작업이 언제 끝날 것 같습니까? (A) 다음 주나 돼야 끝날 것 같습니다. (B) 사무실 건물 전체요. (C) 우리가 예상했던 것보다 훨씬 잘 됐습니다.

❹ **When** are you taking your vacation?

(A) The crate is <u>vacant</u>.

(B) **Not for another week**.

(C) To Long Beach, I think.

나쁜 해설 😊 시간표현이 들어간 것은 (B)뿐입니다. When ~? 문제에서 「Not for ~」나 「Not until ~」은 100% 정답입니다. (A) 시간표현도 없지만 vacation과 유사한 발음의 vacant로 유도하고 있으며, (C) 「To + 장소」는 당연히 Where ~? 질문에 대한 대답입니다.

정답 (B) **해석** 휴가를 언제 가실 건가요? (A) 그 상자는 비어 있습니다. (B) 일주일 더 있어야 합니다. (C) Long Beach로 갈까 합니다.

❺ **When** was the last time you met the marketing manager?

(A) No, I'll take care of it.

(B) **When** I visited headquarters.

(C) For the sales presentation.

나쁜 해설 😊 시간표현이 들리는 것은 (B)밖에 없습니다. When ~?이나 What time ~? 문제에서 「When ~/While ~/As soon as ~/Before ~/After ~/Until ~」은 정답확률이 매우 높습니다(90%). (A) 의문사 의문문에서 Yes/No로 답변하는 것은 무조건 오답이며, (C) 「For + 명사」는 이유를 묻는 Why ~? 질문에서 100% 정답이라고 앞에서 배웠죠?

정답 (B) **해석** 마케팅 부장을 마지막으로 만난 게 언제였습니까? (A) 아뇨, 그건 제가 하겠습니다. (B) 본사를 방문했을 때였습니다. (C) 판매 프리젠테이션 때문에요.

❻ **When** can we start on the financial report?

(A) I ordered one last week.

(B) I'm afraid <u>we</u> are in <u>financial</u> difficulties.

(C) **As soon as** we get the data from the accounting department.

나쁜 해설 😊 When ~?, What time ~? 의문문에서 「When ~/While ~/As soon as ~/Before ~/After ~/Until ~」로 시작하는 것은 정답일 확률이 매우 높습니다(90%). (A)는 시제가 문제와 맞지 않는 과거인데다 내용도 엉뚱합니다. (B)는 시간표현이 없으니까 탈락되고, we와 financial이 반복되고 있네요. 무슨 뜻인지 몰라도 질문에서 들린 어휘와 같거나 비슷한 표현이 반복되면 그것은 오답일 확률이 매우 높다는 것을 말하지요.

정답 (C) **해석** 재무보고서 작업을 우리가 언제부터 시작할 수 있을까요? (A) 지난 주에 하나 주문했습니다. (B) 우리가 재정난에 처해있는 것 같습니다. (C) 회계부서로부터 그 데이터를 받는 대로 시작할 수 있을 겁니다.

7 **When** should we expect to receive our bonuses?

(A) The <u>receipts</u> are kept in the cabinet.

(B) To improve the employee productivity.

(C) **By the end of the week**.

나쁜 해설 😊 시간표현이 들어간 것은 (C)뿐입니다. When ~? 문제에서 「By+시간표현」은 100% 정답입니다. (A) receive와 유사한 receipt를 반복하는 전형적인 오답이며, in the cabinet과 같은 장소표현은 Where ~?에 대한 대답입니다. (B) 「To+동사원형」은 이유를 묻는 Why ~? 문제의 100% 정답입니다.

정답 (C) **해석** 우리가 보너스를 언제쯤 받을 것으로 예상됩니까? (A) 그 영수증들은 캐비닛 안에 보관돼 있습니다. (B) 직원 생산성을 향상시키기 위해서요. (C) 이번 주말까지는 나올 겁니다.

---

8 **When** is the best time to reach you?

(A) I'll be in the conference room.

(B) **Between 10 and 12**.

(C) I'll try my best.

나쁜 해설 😊 시간표현이 들어간 것은 (B)뿐입니다. When ~? 문제에서 「Between+시간」은 100% 정답으로 최근에 출제빈도가 더욱 높아진 표현입니다.

정답 (B) **해석** 제가 언제쯤 연락드리는 게 제일 좋을까요? (A) 회의실에 있을 겁니다. (B) 10시에서 12시 사이에요. (C) 최선을 다하겠습니다.

---

9 **When** will the foreign investors visit our company?

(A) The office needs more space.

(B) **The schedule hasn't been confirmed yet**.

(C) We should <u>accompany</u> them to the plant.

나쁜 해설 😊 The schedule hasn't been confirmed yet.과 같은 '모른다' 종류의 대답은 Part 2의 모든 유형의 질문에서 정답으로 쓰인다고 강조했습니다. (C) 시간표현도 없지만 company와 유사한 발음의 accompany를 이용한 오답이죠.

정답 (B) **해석** 외국 투자자들이 언제 우리 회사를 방문하나요? (A) 사무실에 공간이 더 필요합니다. (B) 일정이 아직 확정 안 됐습니다. (C) 우리가 그 분들을 공장에 모시고 가야 합니다.

---

10 **When** will the marketing research be completed?

(A) I'm afraid the <u>market</u> is already saturated.

(B) Mr. Sanchez has been a great help.

(C) **After** the results are analyzed.

나쁜 해설 😊 시간표현이 들어간 것은 (C)뿐입니다. When ~?이나 What time ~? 문제에서 「When ~/While ~/As soon as ~/Before ~/After ~/Until ~」은 정답확률이 매우 높습니다(90%). (A) 시간표현도 들리지 않지만 marketing과 유사한 market을 반복하여 오답의 확률을 더욱 높여주고 있습니다.

정답 (C) **해석** 마케팅 조사가 언제 마무리될까요? (A) 그 시장은 이미 포화상태인 것 같습니다. (B) Sanchez 씨가 많은 도움을 줬습니다. (C) 결과 분석 작업이 끝난 후에요.

나쁜요령

Where로 시작하는 의문문, 이것만확인하라 🎧MP3 24

Where ~? 의문문은 원칙적으로 '장소'나 '위치' 표현이 들리는 선택문항이 정답입니다. 하지만 고급 난이도의 문제는 장소나 위치표현 이외에 다양한 대답이 출제되기도 하므로 100% 해결하기 위해서는 'Where ~?＝장소 대답'이라는 고정관념에서 벗어나 다양한 훈련을 해야 합니다.

1 들리면 정답인 장소/위치 표현

「in/at/on＋장소」가 정답으로 가장 많이 출제됩니다.

- in＋장소 (in the drawer/in the cabinet over there 등)
- at＋장소 (at the head table/at the company warehouse 등)
- on＋장소 (on the shelf/on the notice board 등)
- next to[by]＋장소 ~의 옆에 (next to the library/by the fire wall 등)
- across＋장소 ~의 건너편에 (across the street 등)
- to＋장소 ~으로 (to Long Beach/to the address on this side 등)
- close to＋장소 ~에 가까운 (very close to his office 등)
- try＋장소 ~에 가보라 (try the gift shop/try the shop around the corner 등)
- 장소부사 (downtown area/seat 21-C/around the corner/over there/here/inside/outside 등)

2 '장소'가 아닌 다양한 정답표현

장소가 아니라 다른 방법으로 답을 하는 경우가 있습니다.

Who ~? 문제처럼 '사람'으로 대답할 수 있다.

- Where can I find the personnel office?
  - → Mr. Simon will show you.

When ~? 문제처럼 '시간'으로 대답할 수 있다.

- Where did you put the office supplies?
  - → They won't get here until Friday.
  - → They won't arrive before 3 p.m.

I don't know(모른다)라고 대답하거나 장소로 대답하지 않을 수 있다.

- Where are we supposed to meet for the conference?
  - → It hasn't been decided yet.

- Where did you buy that wallet?
  - → Actually, it was a gift.

---

① **Where** did you put the letterhead?

(A) **In the storage room**.

(B) They are quite expensive.

(C) I've already read the <u>headlines</u>.

나쁜 해설 😊 Where ~? 문제에서 「In+장소」는 100% 정답이며 거의 매달 출제됩니다. (C) head를 반복 사용해서 혼동을 주려는 전형적인 오답방식입니다.

정답 (A) **해석** 그 편지지들을 어디에 뒀습니까? (A) 창고 안에요. (B) 그것들은 상당히 비쌉니다. (C) 이미 머리기사를 읽어봤습니다.
(* letterhead 회사이름, 주소, 전화번호 등이 인쇄된 편지지)

---

② **Where** should we store the defective products?

(A) The <u>store</u> is being renovated now.

(B) At around seven o'clock.

(C) **At the company warehouse**.

나쁜 해설 😊 Where ~? 문제에서 「At+장소」는 100% 정답이며 거의 매달 출제됩니다. (A) store를 전혀 다른 품사와 의미로 반복하여 유도하고 있으며, (B) 「At+시간」은 When ~?이나 What time ~?에 대한 대답입니다.

정답 (C) **해석** 그 불량품들은 어디에 보관해야 합니까? (A) 그 가게는 지금 수리 중입니다. (B) 대략 7시경에요. (C) 회사 창고에요.

---

③ **Where** is the budget proposal I gave you last week?

(A) **On the table in my office**.

(B) No, it's Friday.

(C) The battery <u>lasts</u> for a <u>week</u>.

나쁜 해설 😊 Where ~? 문제에서 「At/In/On+장소」는 100% 정답이며 거의 매달 출제됩니다. (B) 의문사 의문문은 Yes/No로 시작하는 선택문항은 일단 탈락시키세요. (C) for a week와 같은 '기간'은 How long ~?에 대한 대답이며, last와 week를 반복하여 오답확률을 더욱 높여줍니다.

정답 (A) **해석** 제가 지난주에 드린 그 예산안은 어디에 있나요? (A) 제 사무실 탁자 위에 있습니다. (B) 아뇨, 금요일입니다. (C) 그 배터리는 일주일 갑니다.

---

④ **Where** do I have to send this sample?

(A) Yes, it's a good <u>example</u>.

(B) **To the address on the bottom line**.

(C) It was <u>sent</u> by registered mail.

나쁜 해설 😊 Where ~? 문제에서 「To+장소」도 100% 정답이며 자주 출제됩니다. (A) 장소표현도 없지만 의문사 의문문은 Yes/No로 답할 수 없습니다. (C) by registered mail과 같은 수단이나 방법표현은 How ~?에 대한 대답이며, 질문에 나온 send를 반복하고 있습니다.

정답 (B) **해석** 이 샘플을 어디로 보내야 하나요? (A) 예, 그건 좋은 사례입니다. (B) 맨 밑줄에 있는 주소로 보내면 됩니다. (C) 그건 등기우편으로 보냈습니다.

5 **Where** do we buy printing paper?

(A) **We get it from a supplier**.

(B) We're out of <u>paper</u>.

(C) It was sent by air.

나쁜 해설 😊 Where ~? 문제라고 반드시 '장소/위치'로만 대답하는 것은 아닙니다. 가끔 고급형 문제에서는 Where로 물었으나 Who로 시작하는 질문처럼 '사람'으로 대답하기도 합니다. (B) paper를 반복하고 있으며, (C) by air와 같은 '수 단'이나 '방법'은 How ~?에 어울리는 대답입니다.

정답 (A) **해석** 프린터 용지는 어디서 구입하나요? (A) 납품업자에게서 받습니다. (B) 종이가 다 떨어졌습니다. (C) 그건 항공편으로 발송 됐습니다.

6 **Where** will the new processing plant be located?

(A) We need to water the <u>plants</u> every day.

(B) For about three weeks.

(C) **It hasn't been decided yet**.

나쁜 해설 😊 It hasn't been decided yet.과 같은 '모른다' 종류의 대답은 Part 2의 모든 유형의 질문에서 정답으로 자주 출제됩니다. (A) every day와 같은 빈도표현은 How often ~?에 어울리는 대답이며, plant를 반복하고 있네요. (B) 「For + 기간」은 How long ~?에 대한 대답입니다.

정답 (C) **해석** 새로운 가공공장은 어디에 지을 겁니까? (A) 화초에 물을 매일 주어야 합니다. (B) 약 3주 동안요. (C) 아직 결정되지 않 았습니다.

7 **Where** can I get a replacement filter for this water purifier?

(A) I'm not thirsty, thanks.

(B) To make it refilled.

(C) **You can order one from the catalog**.

나쁜 해설 😊 물리적인 장소인 '가게'가 아니더라도 요즘은 온라인이나 통신판매를 통해서 물건을 많이 구입하지요. 바 로 이러한 최근 환경을 반영한 문제입니다. (A) 장소를 묻는데 thanks가 나올 이유가 없겠지요. (B) 「To + 동사원형 ~」은 이유를 묻는 Why ~?에 대한 100% 정답입니다.

정답 (C) **해석** 이 정수기 교체필터는 어디서 구입할 수 있습니까? (A) 목마르지 않아요. 고맙습니다. (B) 리필하기 위해서. (C) 카탈로그 를 보고 하나 주문하면 됩니다.

8 **Where** did you buy that briefcase?

(A) The <u>case</u> was completely empty.

(B) **Actually, it was a gift**.

(C) <u>By</u> the end of the week.

나쁜 해설 😊 '내가 산 것이 아니고 선물 받았으니까' 장소로 대답할 수 없겠지요. Part 2에서 Actually로 시작하는 선택 문항은 거의 대부분 정답이라고 여러 번 말씀 드렸습니다. 물론 역으로 오답을 제거해서 얼마든지 문제를 해결할 수도 있지요. (A) 장소표현도 없지만 briefcase와 유사한 case로 유도하고 있습니다. (C) 「By + 시간」은 When ~?에 대한 정답 이었죠.

정답 (B) **해석** 그 서류가방은 어디서 샀어요? (A) 그 케이스는 완전히 비어있습니다. (B) 실은 선물 받은 겁니다. (C) 이번 주말까지요.

What으로 시작하는 의문문, 이것만 확인하라 ◀MP3▶ 25

What으로 시작하는 의문문에 대한 요령은 간단하고 명확합니다. 먼저 아래의 〈나쁜 요령〉을 잘 숙지한 후에 각각의 뒤에 나오는 문제 유형을 하나씩 익히면 됩니다.

1

What time ~? 문제는 '시간'이 들어가야 정답

What time ~? 문제는 말 그대로 '시각'으로 대답하는 것이 정답이 됩니다. 거의 대부분 (at) five o'clock이나 by seven과 같은 「(at)+시각」이나 「by+시각」이 정답입니다. 아주 드물게 시각 대신에 '시차(time difference)'로 대답하는 것까지 알아둔다면 100% 안전합니다.

❶ **What time** does the movie start?

(A) There must be something wrong with this car. It won't <u>start</u>.

(B) **At around one twenty**, I think.

(C) I don't enjoy that kind of <u>movie</u>.

나쁜 해설 😊 시간표현이 들어간 것은 (B)밖에 없습니다. What time ~? 문제에서 「(at)+시각」이나 「by+시각」이 들리면 100% 정답입니다. (A)는 start를, (C)는 movie를 반복함으로써 오답임을 밝히고 있습니다.

정답 (B) **해석** 영화는 몇 시에 시작하나요? (A) 이 차에 분명 무슨 문제가 있는 것 같아요. 시동이 안 걸려요. (B) 1시 20분쯤에 시작할 겁니다. (C) 그런 영화는 좋아하지 않습니다.

❷ **What time** is dinner?

(A) Everybody's supposed to be here **by five thirty**.

(B) We're having fried trout and salad.

(C) I don't care for any, thanks.

나쁜 해설 😊 시간(five thirty)이 들어간 것은 (A)뿐입니다. What time ~? 문제에서 「(at)+시각」이나 「by+시각」이 들리면 100% 정답이라고 했죠. (B)는 What are we having for dinner?에 대한 대답이고, (C)는 Would you like some more?에 대한 대답이네요.

정답 (A) **해석** 저녁은 몇 시죠? (A) 모두 5시 반까지 오기로 했습니다. (B) 송어튀김과 샐러드를 먹을 겁니다. (C) 더 이상 필요 없습니다. 감사합니다.

2 What+명사 ~?는 명사의 '종류'나 '이름'을 대는 것이 정답

What 바로 뒤에 들리는 명사를 꼭 기억하세요. 그 명사의 종류나 이름이 정답입니다.

❶ What country is she from?

(A) I'm living in the country.
(B) **Spain**, I think.
(C) She's doing great.

나쁜 해설 🤖 나라의 이름으로 대답한 것은 (B)밖에 없습니다. What + 명사 ~? 질문은 명사의 '종류'나 '이름'을 대는 것이 정답입니다.

정답 (B)   **해석** 그녀는 어느 나라 출신입니까? (A) 저는 시골에 살고 있습니다. (B) 스페인 출신일 겁니다. (C) 그녀는 잘 지내고 있습니다.

❷ What color would you like for the design?

(A) Because it's complicated.
(B) It's <u>designed</u> to improve the quality.
(C) **Green** would be fine.

나쁜 해설 🤖 색상(Green)으로 대답한 것은 (C)밖에 없습니다.

정답 (C)   **해석** 그 디자인에는 어떤 색이 좋을 것 같아요? (A) 복잡한 일이기 때문입니다. (B) 그건 품질을 개선하기 위해 계획된 겁니다. (C) 초록색이 좋을 것 같군요.

3 What's the fastest[best] way to ~?는 '교통수단'이나 '길'이 들리면 정답

'~가는 데 가장 **빠른[좋은]** 방법'을 묻는 질문이므로 bus, shuttle, taxi, train 등의 교통수단이나 street, avenue 등의 길을 뜻하는 말이 나오는 것이 정답입니다. 앞서 How에서 배운 How ~ get to ~?와 거의 같은 문제입니다. 생각이 잘 나지 않는다면, 다시 한 번 확인해보세요.

❶ What's the fastest way to get to the airport?

(A) **Take the express shuttle**.
(B) It's about five kilometers south.
(C) You'll need to check your luggage.

나쁜 해설 🤖 What's the fastest way to ~?는 '교통수단'이나 '길'이 들리면 100% 정답입니다. (B) five kilometers와 같은 거리표현은 How far ~?에 대한 대답이죠.

정답 (A)   **해석** 공항에 가려는데 어떻게 가는 게 제일 빠릅니까? (A) 직행 셔틀버스 타고 가세요. (B) 남쪽으로 약 5킬로미터 거리입니다. (C) 짐 가방을 부쳐야 할 겁니다.

② **What's the fastest way** to the trade fair?

(A) It's not <u>fair</u> to do that.
(B) **Take Main Street to Heaven Avenue**.
(C) I usually <u>trade</u> at my local store.

나쁜 해설 🎧 What's the fastest way to ~?는 '교통수단'이나 '길'이 들리면 100% 정답입니다. (A) fair를 반복한 전형적인 오답방식이며, (C) 역시 trade를 반복하는 전형적인 오답입니다.

정답 (B) **해석** 무역박람회에 어떻게 가는 게 제일 빠릅니까? (A) 그렇게 하는 건 공정하지 않습니다. (B) Main 가(街)를 타고 Heaven 대로로 가세요. (C) 저는 보통 동네에 있는 가게를 이용합니다.

What's ~ like?는 '형용사'가 들리면 정답

What's ~ like? 는 How is ~?와 같은 의미로, '~이 어떠냐?'라는 질문이므로 주어의 '느낌'이나 '상태'를 나타내는 형용사가 들리는 선택문항을 고르면 됩니다.

① **What's** your new boss **like**?

(A) He lives in the suburbs.
(B) She's **open and approachable**.
(C) I <u>like</u> both of them.

나쁜 해설 🎧 What's ~ like?는 '형용사'가 들리면 정답입니다. (A) in the suburbs와 같은 장소는 Where ~? 질문에 대한 100% 정답이라고 여러 번 다루었지요. (C) like를 반복하고 있는 것이 보이나요?

정답 (B) **해석** 당신의 새 상사는 어떤 분입니까? (A) 그는 교외에 살고 있습니다. (B) 그녀는 솔직하고 다가가기 쉬운 분입니다. (C) 둘 다 마음에 듭니다.

② **What's** the weather **like** in California?

(A) I'm planning to go there this summer vacation.
(B) I'm okay if you'd <u>like</u>.
(C) It's usually **sunny and dry**.

나쁜 해설 🎧 주어의 상태를 나타내는 형용사가 들어간 것은 (C)뿐입니다. (A)는 When are you going to California?에 대한 대답이며, (B) like를 반복해서 착각을 유도하고 있습니다.

정답 (C) **해석** 캘리포니아의 날씨는 어떻습니까? (A) 이번 여름휴가 때 거길 방문할 예정입니다. (B) 당신이 좋다면 저는 좋습니다. (C) 보통 화창하고 건조합니다.

What's ~ about?은 절이 아닌 '명사(구)'가 들리면 정답

'~은 무엇에 관한 것인가?'를 묻는 질문이므로 '주제'나 '내용'을 설명하는 선택문항이 정답입니다. 이때 정답은 거의 대부분 문장이 아닌 명사(구)로 출제됩니다. 간혹 '아직 읽어보지 않았다/모른다' 등으로 대답하는 경우도 있습니다.

① What will this presentation **be about**?

(A) He bought a <u>present</u> for each of us.
(B) **Sales profits for the second quarter**.
(C) All the staff will be there.

나쁜 해설 📷 주제나 내용을 말한 것은 (B)뿐입니다. What's ~ about?은 절이 아닌 '명사(구)'가 들리면 정답입니다. (A) presentation과 발음이 유사한 present로 유도하고 있습니다.

정답 (B) **해석** 이번 프리젠테이션은 무슨 내용입니까? (A) 그는 우리 각자에게 줄 선물을 샀습니다. (B) 2분기의 판매수익에 관한 겁니다. (C) 모든 직원들이 참석할 겁니다.

---

② What's the book you're reading **about**?

(A) You can buy it at the <u>book</u>store across the street.
(B) He is always talking <u>about</u> his personal problems.
(C) **Efficient financial management**.

나쁜 해설 📷 주제나 내용을 말한 것은 (C)뿐입니다. What's ~ about?은 절이 아닌 '명사(구)'가 들리면 정답이라고 했죠? (A)는 book을 반복하고 있으며 Where can I buy the book?에 대한 대답입니다. (B)는 about을 반복하고 있습니다. 앞에서도 강조했지만 특히 기억에 남기 쉬운 문제 끝에 나온 어휘를 반복하는 선택문항은 거의 오답이랍니다. 이것은 Part 3에서도 적용되는 중요한 〈나쁜 요령〉입니다.

정답 (C) **해석** 지금 읽고 있는 책은 무슨 책입니까? (A) 길 건너편에 있는 서점에서 살 수 있습니다. (B) 그는 근무 내내 자기 개인적인 문제에 대해 이야기합니다. (C) 효과적인 재무관리에 관한 책입니다.

'의견'을 묻는 질문은 '형용사'나 '부사'가 들리면 정답

What's your opinion of ~?/What do you think of[about] ~?/What's your impression of ~? 등은 의견을 묻는 질문이므로 자신의 '의견'이나 '느낌'을 말하는 선택문항이 정답입니다. 정답은 대부분 '형용사'나 '부사'로 표현하며, 특히 형용사 reasonable이 자주 정답으로 출제되는 특징이 있습니다.

① What's your opinion of our company's personnel policy?

(A) No, I don't need any, thanks.
(B) It's quite **reasonable**.
(C) We work five days a week.

나쁜 해설 📷 What's your opinion of ~?와 같이 의견이나 느낌을 묻는 문제는 형용사나 부사로 대답하는 선택문항이 정답입니다. 특히 reasonable이 정답으로 자주 출제됩니다. (A) 의문사 의문문에 대해 Yes/No로 시작하는 선택문항은 일단 제외시키세요.

정답 (B) **해석** 우리 회사의 인사정책에 대해서 어떻게 생각하세요? (A) 아뇨, 지금은 필요 없습니다. 감사합니다. (B) 상당히 합리적입니다. (C) 우리는 주 5일 근무합니다.

② **What's your impression of** the company's new logo?

(A) The <u>company</u> is under pressure from investors.

(B) Yes, the quality is very good.

(C) It fits our image **perfectly**.

나쁜 해설 😊 What's your impression of ~?와 같이 의견이나 느낌을 묻는 문제는 형용사나 부사로 대답하는 선택문항이 정답입니다. (A) company를 반복하고 있으며, (B) 의문사 의문문은 Yes/No로 시작하는 선택문항은 고려대상에서 일단 제외하면 됩니다.

정답 (C)   **해석** 회사의 새로운 로고에 대해서 어떻게 생각하세요?   (A) 회사는 투자자들로부터 압력을 받고 있습니다.   (B) 예, 품질이 아주 우수합니다.   (C) 우리 이미지와 딱 맞습니다.

7

🎧 MP3 31

What are your plans for ~?는 I'm -ing나 I will ~이 들리면 정답

'~에 대한 앞으로의 계획'을 묻는 질문이므로 「I'm -ing/I will ~(~할 것이다)」로 대답하는 것이 대부분입니다.

① **What are your plans for** the weekend?

(A) Sure, it would be great.

(B) **I'm going** to visit my family.

(C) The building <u>plan</u> has some errors in it.

나쁜 해설 😊 계획에 대해 언급하고, 질문의 주어와 호응(you→I)하는 것은 (B)밖에 없습니다. What are your plans for ~?와 같이 계획을 묻는 질문은 대부분 「I'm -ing」나 「I will ~」으로 시작하는 선택문항이 정답입니다. (C) plan을 반복하고 있습니다.

정답 (B)   **해석** 주말에 뭐하실 겁니까?   (A) 물론이죠, 그러면 좋을 것 같습니다.   (B) 가족을 방문할 겁니다.   (C) 건물 설계도에 잘못된 데가 몇 가지 있습니다.

② **What are your plans for** the holidays?

(A) **I'll** just stay home and relax.

(B) She did it yesterday.

(C) No, they aren't.

나쁜 해설 😊 어떤 계획이 있는지 말하고 질문의 주어와 호응(you→I)하는 것은 (A)밖에 없습니다. What are your plans for ~?와 같이 계획을 묻는 질문은 대부분 「I'm -ing」나 「I will ~」으로 시작하는 선택문항이 정답입니다. (C) 의문사 의문문에 대해 Yes/No로 시작하는 선택문항은 우선 탈락된다고 말했습니다.

정답 (A)   **해석** 휴일에 뭘 하실 겁니까?   (A) 그냥 집에서 쉴 겁니다.   (B) 그녀는 어제 그걸 했습니다.   (C) 아뇨, 그것들은 아닙니다.

8

🎧 MP3 32

What should I[we] do ~?는 '명령문'이 들리면 정답

'어떻게 해야 합니까'라는 질문이므로 상대방에게 '~하라'고 얘기해 주는 것이 정답인데 대부분 동사원형으로 시작하는 명령문으로 출제됩니다.

① **What should we do** to order more office supplies?

(A) The <u>supplier</u> didn't meet our needs.

(B) We need <u>more</u> space in the <u>office</u>.

(C) **Tell Ms. Kelly**. She's in the warehouse.

나쁜 해설 🎧 What should I[we] do ~?는 명령문이 들리면 정답입니다. (A) supplies와 유사한 발음의 supplier로 유도하고 있으며, (B) more와 office를 반복하여 질문과 관련성이 있는 것처럼 느끼게 하려는 의도입니다.

정답 (C) 해석 사무용품을 더 주문하려면 어떻게 해야 하나요? (A) 그 납품업체는 우리의 요구를 충족시키지 못했습니다. (B) 사무실에 공간이 더 필요합니다. (C) 창고에 있는 Kelly 씨에게 말하세요.

---

② **What should we do** to get some feedback from customers?

(A) He brought it <u>back</u> this morning.

(B) I really enjoyed the <u>food</u> there.

(C) **Try sending them an e-mail** with a questionnaire attached.

나쁜 해설 🎧 What should I[we] do ~?는 명령문이 들리면 정답입니다. (A) back을 반복하여 유도하고 있습니다. (B) feed와 비슷한 발음의 food로 유도하려는 의도가 느껴집니다. 의미상으로도 feedback(반응)의 feed는 기본적으로 '음식을 먹이다'라는 뜻이 있기 때문에 관련성이 있는 food로 유도하는 것입니다.

정답 (C) 해석 고객들로부터 반응을 알아보려면 어떻게 해야 합니까? (A) 그가 오늘 아침에 그걸 도로 가져왔습니다. (B) 그곳 음식이 정말 맛있었습니다. (C) 고객들에게 설문지를 첨부해서 이메일을 보내보세요.

직업을 묻는 질문은 당연 '직업이나 직종'을 대답하는 것이 정답

What do you do (for a living)?/What kind[type] of work do you do? 등으로 출제된다.

① **What do you do** for a living?

(A) Yes, I know what you mean.

(B) **I'm a lawyer**.

(C) I've <u>lived</u> here for five years.

나쁜 해설 🎧 What do you do (for a living)?과 같이 직업을 묻는 질문은 당연히 '직업이나 직종'을 말하는 것이 정답입니다. (A) 의문사 의문문에 Yes/No로 시작하는 선택문항은 내용에 관계없이 고려대상에서 일단 제외하세요. (C) living과 비슷한 live를 이용하여 유도하려는 의도입니다.

정답 (B) 해석 무슨 일 하세요? (A) 예, 무슨 말씀이신지 알겠습니다. (B) 변호사입니다. (C) 이곳에 산 지 5년 됐습니다.

---

② **What kind of work do you do**?

(A) I'll be back in a minute.

(B) You're very <u>kind</u>.

(C) **Construction**, mostly.

나쁜 해설 🎧 What kind of work do you do?와 같은 직업을 묻는 질문은 당연히 '직업이나 직종'을 말하는 것이 정답입니다. (B) 질문의 kind(종류)와 다른 의미(친절한)를 이용한 오답입니다.

정답 (C) 해석 어떤 일을 하시나요? (A) 금방 돌아오겠습니다. (B) 매우 친절하시군요. (C) 주로 건축 일을 합니다.

10

기타 What으로 시작하는 의문문

What으로 시작하는 의문문은 기본적으로 '행위나 사물'을 묻는 것이므로 질문의 상황에 맞는 행위나 사물을 정답으로 선택하면 됩니다. 질문의 요지는 항상 맨 앞에 나오므로 질문의 서두에 집중해서 들어야 하고 질문에서 들린 어휘와 같거나 유사한 발음이 반복되는 선택문항은 대부분 오답이라는 기본 요령이 여기서도 통합니다.

❶ What happened to the newspaper on my desk?

(A) **The manager borrowed it while you were away from your desk.**

(B) At the café on the riverside.

(C) It was Friday, not Thursday.

나쁜 해설 💬 What happened to ~?는 어떤 일이 있었는지를 묻는 질문이므로 상황을 설명해주는 (A)가 정답입니다. (B) 「At/In/On＋장소」는 전형적인 Where ~?에 대한 대답이며, (C) 시간표현은 When ~?에 어울리는 대답입니다.

정답 (A) **해석** 제 책상에 있던 신문이 어디 갔나요? (A) 당신이 나간 동안에 부장님이 빌려가셨어요. (B) 강변에 있는 그 카페에서요. (C) 그날이 목요일이 아니라 금요일이었습니다.

❷ What's the estimate for this job?

(A) **Two thousand three hundred dollars.**

(B) He's highly qualified.

(C) I'm applying for the job.

나쁜 해설 💬 What's the estimate for ~는 '견적이 얼마인가?'라는 질문이므로 How much ~? 질문처럼 가격이나 액수를 숫자로 대답한 선택문항이 정답입니다. (C) job을 반복하여 유도하고 있습니다.

정답 (A) **해석** 이 일을 하는 데 견적이 얼마나 나옵니까? (A) 2,300달러입니다. (B) 그는 자질이 아주 뛰어납니다. (C) 저는 그 자리에 지원할겁니다.

❸ What's the best place in town to buy some furniture?

(A) I already bought the ticket.

(B) **That's a difficult question.**

(C) I placed the plant on the stairs.

나쁜 해설 💬 That's a difficult question.도 대답하기 힘들다 즉, '모른다' 종류의 대답으로 최근에 출제되기 시작한 정답 표현입니다. (A) buy와 유사한 bought를 쓰고 있으며 (C)는 품사와 의미가 다른(장소-놓다) place를 반복해서 유도하고 있습니다.

정답 (B) **해석** 가구를 사려는데 어디가 가장 좋을까요? (A) 저는 벌써 그 티켓을 구입했습니다. (B) 답하기 어려운 질문이군요. (C) 그 화초를 계단 위에 뒀습니다.

❹ **What's the exact size** of the new office?

(A) It is furnished with tables and a sofa.

(B) It's located right across the street.

(C) **I have no idea**. We'll have to measure it.

나쁜 해설 😺 I have no idea.와 같은 '모른다' 종류의 대답은 Part 2의 모든 유형의 질문에서 자주 정답으로 출제된다고 강조했습니다. 잊지 마세요.

정답 (C) **해석** 새 사무실 크기가 정확하게 어떻게 되죠? (A) 테이블과 소파가 갖춰져 있습니다. (B) 길 바로 건너편에 있습니다. (C) 잘 모르겠는데요. 재 봐야할 것 같습니다.

Which로 시작하는 의문문, 이것만 확인하라 (MP3) 35

Which 의문문은 여러 개 중에서 '어느 것' 하나의 선택을 요구하는 문제입니다. 요령이 어렵거나 많지 않으므로 놓치지 않도록 합니다.

Which로 시작하는 의문문은 (the) one이 들리면 정답

Which 의문문은 여러 개 중에서 '어느 것' 하나의 선택을 요구하는 문제입니다. 「Which + 명사 ~?」나 「Which of + 명사 ~?」의 형태로 출제되는데 정답은 대부분 (the) one이 들어갑니다. Which is ~ A or B?의 형태일 때는 대부분 A와 B 중에서 하나를 선택하는 것이 정답이 됩니다.

❶ Which building's proposal should be sent to the city officials?

(A) **The one** for the downtown project.

(B) The <u>officials</u> are from the transportation board.

(C) No later than eight in the morning.

나쁜 해설 👀 Which ~?는 하나를 선택하라는 질문으로 거의 대부분 (the) one이 들리는 것이 정답입니다. (B) officials를 반복하고 있으며, (C) 시간표현은 When ~?이나 What time ~?에 대한 대답입니다.

정답 (A) **해석** 어느 건축 계획안을 시 관리들에게 보내야 합니까? (A) 도심지 프로젝트를 위한 계획안이요. (B) 그 관리들은 교통위원회에서 오신 분들입니다. (C) 늦어도 오전 8시까지요.

❷ Which room would you like?

(A) There is a lot of <u>room</u> for improvement.

(B) **One** with a good view if possible.

(C) No, I can't make it.

나쁜 해설 👀 (A)의 room은 방이 아니라 '여지'라는 의미로 사용되고 있습니다. (C) 의문사 의문문은 Yes/No가 들리는 순간 바로 제외시켜 버리세요.

정답 (B) **해석** 어떤 방을 원하십니까? (A) 개선할 여지가 많습니다. (B) 가능하면 전망 좋은 방이면 좋겠습니다. (C) 아뇨, 저는 안 되는데요.

❸ Which of you revised the manual for the new software?

(A) It's <u>manually</u> operated.

(B) The exchange rates are posted on the wall.

(C) **Jack** made some corrections to it.

나쁜 해설 👀 Which of you ~?는 '당신들 중 누구'를 묻는 질문이므로 '사람'을 선택하는 것이 정답입니다. (A) manual과 유사한 manually를 반복하고 있으며, (B) on the wall과 같은 장소나 위치표현은 기본적으로 Where ~?에 어울리는 대답입니다.

정답 (C) **해석** 여러분 중 누가 새로운 소프트웨어 안내서를 수정했나요? (A) 그건 수동으로 작동됩니다. (B) 환율은 벽에 고시되어 있습니다. (C) Jack이 몇 가지 수정했습니다.

Who로 시작하는 의문문, 이것만 확인하라 🎧MP3 36

의문사 의문문 중에서 비교적 쉬운 유형으로 대부분은 '사람'이 들리는 선택문항이 정답입니다. 하지만 최근에는 변별력을 높이기 위해서 다양한 유형의 정답을 출제하는 경우가 많아졌기 때문에 주의해야 합니다.

대부분은 사람 이름, 1, 2인칭 대명사(I/You/We), 직함, Someone from[in] ~ 등의 '사람'이 정답으로 출제되지만 최근에는 '회사'나 '부서 이름', It hasn't been decided yet. 등의 '모른다', '장소나 위치' 등 다양한 유형의 정답이 등장하기 때문에 'Who ~?＝사람 대답'이라는 고정관념을 갖지 말고 다양한 정답표현 방식을 익혀야 합니다. 참고로 누구를 가리키는지 청취자가 이해하기 힘든 He, She, They와 같은 3인칭 대명사는 원칙적으로 정답이 될 수 없다는 점도 알아두면 유용합니다.

1 **Who was** the last one to leave the office yesterday evening?

(A) It's tonight.

(B) **Franco was**.

(C) Yes, usually.

나쁜 해설 👓 Who ~?는 대부분 이와 같이 '사람 이름'이 정답으로 등장합니다.

정답 (B) 해석 어제 저녁에 마지막으로 사무실을 나간 사람이 누구죠? (A) 그건 오늘 밤입니다. (B) Franco였습니다. (C) 예, 보통은요.

2 **Who** will succeed Mr. Konate as president of GS Motors?

(A) It was very <u>successful</u>.

(B) **Probably the vice president**.

(C) I think he'll give a good <u>presentation</u>.

나쁜 해설 👓 Who ~?는 이와 같이 '직함'이 정답인 경우가 많습니다. (A) 사람도 들리지 않지만 succeed와 유사한 successful로 유도하고 있습니다. (C) president와 발음이 유사하게 들릴 수 있는 presentation으로 유도하고 있으며, He/She/They와 같은 막연한 3인칭 대명사는 원칙적으로 정답이 될 수 없다는 점을 앞에서 알려 드렸습니다.

정답 (B) 해석 누가 Konate 씨의 후임으로 GS 자동차의 사장이 될까요? (A) 대단히 성공적이었습니다. (B) 아마 부사장일 겁니다. (C) 그 분이 프리젠테이션을 잘할 겁니다.

3 **Who** can recommend a good courier service?

(A) No, I wouldn't <u>recommend</u> it.

(B) <u>Couriers</u> are usually fast these days.

(C) **The receptionist** is the best person to ask.

나쁜 해설 👓 Who ~?로 시작하는 질문에 '직함'으로 답하는 경우가 많습니다. 의문사 의문문이므로 No로 시작한 (A)는 일단 제외해야겠지요. (B) courier를 반복해서 유도하는 전형적인 오답방식입니다.

정답 (C) 해석 누가 좋은 택배회사를 추천해줄 수 있나요? (A) 아뇨, 저는 그걸 권하고 싶지 않습니다. (B) 요즘 택배 서비스는 대체로 빨라요. (C) 그런 거는 안내직원이 제일 잘 압니다.

4 **Who**'s going to write up the results?

(A) Attendance was low.

(B) Perhaps **I** can take care of that.

(C) The results were quite satisfactory.

나쁜 해설 🔊 사람으로 대답한 것은 (B)밖에 없습니다. Who ~?는 I/We/You와 같은 1, 2인칭 대명사가 정답으로 자주 사용됩니다. (C) results를 반복하고 있습니다.

정답 (B) **해석** 결과를 누가 작성할 건가요? (A) 참석률이 저조했습니다. (B) 제가 할 수 있을 것 같습니다. (C) 결과는 상당히 만족스러웠습니다.

5 **Who**'s going to take over Mr. Klein's position when he retires?

(A) **Someone from** the main office.

(B) The retirement party was enjoyable.

(C) It takes a long time to reach the position.

나쁜 해설 🔊 사람으로 대답한 것은 (A)밖에 없습니다. Who ~?는 이와 같이 Someone from[in] ~이 정답으로 자주 사용됩니다. (B) retire와 유사한 retirement로 유도하고 있으며, (C) take와 position을 반복하고 있습니다.

정답 (A) **해석** Klein 씨가 은퇴하면 누가 그 자리를 물려받을 건가요? (A) 본사에서 누가 와서 맡겠지요. (B) 은퇴기념 파티는 즐거웠어요. (C) 그 자리에 앉기까지는 시간이 꽤 걸립니다.

6 Excuse me, **who** should I talk to about getting a refund?

(A) The fund is coming from foreigners.

(B) Yes, I bought it last month.

(C) **Go to the customer service desk**.

나쁜 해설 🔊 Who ~?로 물었지만 '사람' 대신 '부서'나 '회사 이름'으로 답하는 경우도 많습니다. (A) refund와 발음이 유사한 fund로 유도하고 있으며, 의문사 의문문이므로 No로 시작한 (B)는 일단 탈락시켜야 합니다.

정답 (C) **해석** 저기요, 환불받으려는데 누구한테 이야기해야 하나요? (A) 그 자금은 외국인들에게서 나옵니다. (B) 예, 그건 지난 달에 구입했습니다. (C) 고객서비스 데스크로 가세요.

7 **Who** won the bid for the construction contract?

(A) The contract must be in writing.

(B) **The Sysco Group** in New York.

(C) It's a little bit expensive.

나쁜 해설 🔊 Who ~?는 이와 같이 '회사'나 '부서 이름'이 정답으로 자주 사용됩니다.

정답 (B) **해석** 그 건축계약 입찰은 누가 따냈습니까? (A) 계약은 반드시 서면으로 작성해야 합니다. (B) 뉴욕에 있는 Sysco Group이 따냈습니다. (C) 그건 좀 비싼 편입니다.

⑧ Who did they say was going to be promoted?

(A) Yes. The product needs more <u>promotion</u>.
(B) **It hasn't actually been decided yet**.
(C) After the stockholders' meeting.

나쁜 해설 😊 It hasn't actually been decided yet.과 같은 '모른다' 유형의 대답은 Part 2의 모든 질문에서 정답으로 자주 출제된다고 강조해왔습니다. (A) 의문사 의문문에 Yes로 답했으므로 일단 제외하고, (C) After ~와 같은 시간표현은 When ~?에 대한 정답입니다.

정답 (B) **해석** 누가 승진할 거라고 하던가요? (A) 예, 그 제품은 판촉을 더 해야 합니다. (B) 아직 결정되지 않았습니다. (C) 주주총회가 끝난 후에요.

⑨ Who's the president expecting today?

(A) Yes, it was sent yesterday.
(B) Sales have been better than we <u>expected</u>.
(C) **There was nothing on his calendar**, actually.

나쁜 해설 😊 Who ~? 문제도 이와 같이 Where ~?처럼 '장소나 위치'표현을 정답으로 사용하기도 합니다. '사장님이 평소에 달력에다 찾아올 손님들을 표시해두는데 아무 것도 적혀있지 않은 걸로 봐서 찾아올 손님이 없거나 모르겠다.' 는 의미겠지요. (A) 의문사 의문문은 Yes/No로 답할 수 없다는 거 아시죠? (B) 내용도 관련이 없지만 expect를 반복 사용하고 있네요.

정답 (C) **해석** 사장님이 오늘 누구를 기다리시나요? (A) 예, 그건 어제 발송됐습니다. (B) 예상보다 매출이 호조를 보이고 있습니다. (C) 사장님 달력에 아무 것도 표시되어 있지 않은데요.

⑩ Who's responsible for the repairs to the photocopier?

(A) The <u>copier</u> is better than the last one.
(B) To fix the broken parts.
(C) **It's still under warranty**.

나쁜 해설 😊 형식적으로는 전혀 사람이 들리지 않는 고급형 문제입니다. '아직 보증기간 중이니까 판매[제조]회사에서 수리해줄 것'이라는 말입니다. 최근에는 이와 같이 Who ~?의 정답에서 전혀 사람을 등장시키지 않는 난이도가 높은 문제도 종종 출제되므로 앞서 강조했듯이 'Who ~? = 사람 대답'이라는 고정관념을 갖지 말고 다양한 정답표현 방식을 익혀 두세요. (A) copier를 반복해서 유도하고 있습니다. (B) 「To + 동사원형 ~(~하기 위해서)」는 Why ~?에 대한 100% 정답이었지요.

정답 (C) **해석** 복사기 수리는 누가 해주나요? (A) 복사기가 이전 것보다 더 좋습니다. (B) 고장 난 부품을 수리하기 위해서요. (C) 아직 보증기간 중입니다.

A or B 선택의문문 🎧 MP3 37

선택의문문은 매회 평균 3문제씩 빠지지 않고 출제됩니다. 역시 이 유형의 특징과 급소만 알아두면 쉽게 해결할 수 있습니다.

1 의문사 의문문처럼 원칙적으로 Yes/No 대답이 허용되지 않는다.

A or B 중에서 선택을 요구하는 질문이므로 Yes나 No로 대답할 필요가 없습니다. 따라서 선택 문항에서 Yes/No가 들리면 내용에 상관없이 오답입니다. 아주 드물지만 혼동을 야기하려는 다분히 악의적인 의도로 Yes/No를 넣어서 변칙적으로 출제하는 경우도 있으나(1~2년에 1회 정도) 무시해도 좋습니다.

2 질문에서 들린 A나 B를 정답에서 반복할 수 있다.

Part 2의 다른 문제에서 질문에 들린 어휘와 같거나 유사한 발음의 어휘가 선택문항에서 반복되면 대부분 정답이 아니지만 하나를 선택해야 하는 문제의 특성상 선택의문문은 A나 B가 반복되어도 상관없습니다.

정답공식 8가지

1. A 혹은 B 중 하나를 선택한다.
2. A 혹은 B 중 하나를 선택하여 다른 표현으로 바꾸어 표현(paraphrase)한다.
3. 어느 것이나 상관없다(Either=Whichever=Whatever=It doesn't matter)/둘 다 좋다 (Both)/각각 다 필요하다(Each). → Either/Whichever/Whatever/Both/Each가 들리면 정답이다
4. 둘 다 아니다(Neither). → Neither가 들리면 정답이다.
5. 제3의 선택을 한다.
6. 선택을 상대방에게 맡긴다. → It's up to you.= I'll leave it up to you.= Suit yourself.가 들리면 정답이다.
7. 아직 결정하지 않았다. → S+haven't[hasn't] decided yet. 등이 들리면 정답이다
8. 경우에 따라서 다르다. → It depends on ~./It depends.

① Do you generally communicate **by e-mail or by phone**?

(A) Usually by noon.

(B) **We use e-mail**.

(C) Yes, we do.

② Should we **discuss this today, or postpone making a decision**?

(A) We need to **decide today**.

(B) Yes, I found it this morning.

(C) I'll <u>post</u> it tomorrow.

③ Will **you** be able to type this letter, **or** should **I** ask Paula?

(A) She didn't mention it.

(B) **I'll have time this afternoon**.

(C) It's a different kind of paper.

④ Would you like **me** to help you with the report **or** can **you** take care of it?

(A) I read it in the newspaper.

(B) **Thanks, but I can manage that by myself**.

(C) Yes, the director was pleased with it.

⑤ Would you prefer a table **in the corner, or near the window**?

(A) Before I order, please.

(B) No, I don't think I can.

(C) **Either would be fine.**

나쁜 해설 🔊 선택의문문에서 Either가 들리면 100% 정답입니다. 두 가지를 제안한다고 반드시 그 중 하나를 골라야만 하는 건 아니죠. (B) 선택의문문은 의문사 의문문과 마찬가지로 원칙적으로 Yes/No로 대답하는 선택문항은 오답처리합니다.

정답 (C) **해석** 테이블을 모퉁이에 둘까요 아니면 창가에 놓을까요? (A) 제가 주문하기 전에요. (B) 아뇨, 못할 것 같은데요. (C) 아무데나 좋습니다.

---

⑥ Do you want **yellow paper or white paper**?

(A) I need some of **each**.

(B) Yes, it's very expensive.

(C) <u>Paper</u> is now out of stock.

나쁜 해설 🔊 선택의문문에서 each가 들리면 100% 정답입니다. 둘 다 좋거나 필요할 때에는 each나 both를 사용하여 표현합니다. (B) 대부분의 선택의문문 질문에서 오답 중 하나는 Yes/No로 시작하는 것이 등장하며, (C) paper를 반복하여 착각을 유도한 오답입니다.

정답 (A) **해석** 노란 종이가 필요합니까 아니면 흰 종이가 필요합니까? (A) 각각 조금씩 필요합니다. (B) 예, 그건 아주 비쌉니다. (C) 종이 재고가 다 떨어졌습니다.

---

⑦ Will you be going to the airport **by bus or taxi**?

(A) I need to file my <u>taxes</u> by next week.

(B) **Whichever** is faster.

(C) It's located near the highway.

나쁜 해설 🔊 선택의문문에서 Whichever가 들리면 100% 정답으로 둘 중 아무 것이나 상관없을 때 Whichever를 사용해요. (A) taxi와 유사하게 들리는 tax를 이용하여 착각을 유도하고 있고, (C) 장소표현은 Where ~?에 대한 대답입니다.

정답 (B) **해석** 공항에 버스로 갈 겁니까 아니면 택시로 갈 겁니까? (A) 다음 주까지 세금을 신고해야 합니다. (B) 빨리 갈 수 있다면 아무 것이나 상관없습니다. (C) 고속도로 근처에 있습니다.

---

⑧ Which one do you prefer, **red meat or chicken**?

(A) **Neither**, I'm a vegetarian.

(B) Yes, I had fried chicken for dinner.

(C) I'll be <u>meeting</u> him this afternoon.

나쁜 해설 🔊 선택의문문에서 Neither가 들리면 100% 정답이므로 바로 선택하면 됩니다. 제시한 두 가지 중에서 아무 것도 선택하지 않을 때는 Neither를 사용하죠. (B) 선택의문문은 의문사 의문문과 마찬가지로 원칙적으로 Yes/No로 대답하지 않으며, (C)는 meat과 유사한 meet으로 유도하고 있다.

정답 (A) **해석** 붉은 고기를 더 좋아합니까 아니면 닭고기를 더 좋아합니까? (A) 둘 다 안 먹습니다. 저는 채식주의자입니다. (B) 예, 저녁 때 닭튀김을 먹었습니다. (C) 오늘 오후에 그를 만날 겁니다. (* red meat (쇠고기, 돼지고기, 양고기 등) 붉은 고기 cf) white meat (닭고기, 칠면조 등의) 흰 고기)

⑨ How are you paying for this, **cash or credit** card?

(A) **Do you take traveler's checks** here?

(B) Yes, I'm taking 15 <u>credits</u> this semester.

(C) <u>This</u> is my first time here.

나쁜 해설 😊 선택의문문에서 A도 B도 아닌 제 3의 선택을 할 수 있습니다. 또한 이와 같이 반문하는 선택문항은 정답 확률이 매우 높다는 사실도 여러 번 강조했습니다. (B)는 Yes 때문에 내용에 관계없이 자동 탈락이구요. (C)는 내용도 엉 뚱하지만 this를 반복하고 있네요.

정답 (A) **해석** 현금으로 계산 하시겠습니까 아니면 카드로 하시겠습니까? (A) 여행자 수표를 받나요? (B) 예, 이번 학기에는 15학점을 듣 습니다. (C) 여기에 오늘 처음 왔습니다.

⑩ Is the conference call on **Wednesday or Thursday**?

(A) **Actually**, I think it's on Friday.

(B) The <u>conference</u> room is downstairs.

(C) The line was busy all morning.

나쁜 해설 😊 A도 B도 아닌 제 3의 선택을 할 수 있습니다. 또한 Actually로 시작하는 선택문항은 정답확률이 매우 높죠. (B) conference를 반복하고 있는데, 하나를 선택할 것을 요구하는 문제의 특성상 A나 B는 반복할 수 있지만 그 이외의 표 현들이 반복되면 대부분 오답인 것은 변함이 없다는 걸 기억하세요. (C) call과 의미가 유사한 line(전화선)을 사용한 오 답입니다.

정답 (A) **해석** 전화 회의는 수요일입니까 아니면 목요일입니까? (A) 사실은 저는 금요일로 알고 있는데요. (B) 회의실은 아래층에 있습니 다. (C) 오전 내내 전화가 통화 중이었습니다.

⑪ Would you like to have dinner **before the concert or after**?

(A) **I'll leave it up to you**.

(B) I'll have the chef's special.

(C) I really enjoyed the meal.

나쁜 해설 😊 선택의문문에서 I'll leave it up to you.가 들리면 100% 정답입니다. 상대방에게 선택을 맡길 때는 주로 I'll leave it up to you.= It's up to you.를 사용하죠.

정답 (A) **해석** 저녁을 콘서트 전에 먹을까요 아니면 끝나고 먹을까요? (A) 당신이 좋을 대로 하세요. (B) 저는 주방장 특선요리를 먹겠습 니다. (C) 그 음식은 정말 맛있었습니다.

⑫ Are you going to **Hawaii or New Zealand** for vacation?

(A) I'll be leaving in April.

(B) Yes, I'll take the bus.

(C) **I haven't decided yet**.

나쁜 해설 😊 I haven't decided yet.과 같은 '모른다' 유형의 대답은 Part 2의 모든 질문에서 정답으로 자주 출제됩니다. (A) in April과 같은 시간표현은 When ~?에 어울리는 대답이며, (B) 선택의문문은 의문사 의문문과 마찬가지로 원칙적 으로 Yes/No로 대답하지 않습니다.

정답 (C) **해석** 휴가를 하와이로 가실 건가요 아니면 뉴질랜드로 가실 건가요? (A) 4월에 출발합니다. (B) 예, 버스 타고 갈 겁니다. (C) 아직 결정하지 못했습니다.

⑬ Should these complaints be sent **to the director or to the customer service desk**?

(A) Our <u>customers</u> return to our hotel regularly.

(B) The <u>scent</u> is lovely, thanks.

(C) **It depends on** the nature of the problem.

나쁜 해설 😊 It depends (on ~).은 Part 2의 모든 질문에서 정답으로 자주 출제됩니다. (A) customer를 반복해서 유도하고 있으며, (B) sent와 발음이 같은 scent로 착각을 유도하고 있습니다.

정답 (C) **해석** 이 불만사항들은 이사님에게 보내야 합니까 아니면 고객서비스 데스크로 보내야 합니까? (A) 우리 고객들은 정기적으로 우리 호텔을 다시 찾아옵니다. (B) 향기가 정말 좋네요, 감사합니다. (C) 그건 문제의 성질에 따라 다릅니다.

- Direction은 생략합니다.
- 정답은 189쪽에서 확인, 스크립트와 해설은 홈페이지(www.dobedobe.com) 자료실에 있습니다.

11	(A)	(B)	(C)
12	(A)	(B)	(C)
13	(A)	(B)	(C)
14	(A)	(B)	(C)
15	(A)	(B)	(C)
16	(A)	(B)	(C)
17	(A)	(B)	(C)
18	(A)	(B)	(C)
19	(A)	(B)	(C)
20	(A)	(B)	(C)
21	(A)	(B)	(C)
22	(A)	(B)	(C)
23	(A)	(B)	(C)
24	(A)	(B)	(C)
25	(A)	(B)	(C)
26	(A)	(B)	(C)
27	(A)	(B)	(C)
28	(A)	(B)	(C)
29	(A)	(B)	(C)
30	(A)	(B)	(C)
31	(A)	(B)	(C)
32	(A)	(B)	(C)
33	(A)	(B)	(C)
34	(A)	(B)	(C)
35	(A)	(B)	(C)
36	(A)	(B)	(C)
37	(A)	(B)	(C)
38	(A)	(B)	(C)
39	(A)	(B)	(C)
40	(A)	(B)	(C)

✳ 일반 의문문을 푸는 6가지 원칙

일반 의문문은 조동사나 be 동사로 시작하는 의문문과 평서문을 포함해서 의문사로 시작하지 않는 나머지 모든 유형을
말합니다. 기본적인 전략과 요령은 의문사 의문문과 동일합니다.

1　Yes나 No로 대답할 수 있지만 '모르겠다' 혹은 대체 표현으로 대답할 수도 있다.

응답만 적절하면 Yes나 No를 얼마든지 생략할 수 있으며 Yes/No 대신에 다양한 대체
표현들이 사용되기도 합니다. 또한 '모르겠다.'는 대답도 자주 등장합니다. 따라서 반드
시 Yes나 No로 대답할 것이라는 고정관념은 버리도록 합니다.

2　정답으로만 쓰이는 표현은 따로 있다.

질문의 유형마다 또는 유형에 관계없이 들리면 무조건 정답인 표현들이 있습니다. 문제
유형과 종류별로 본문에 완벽하게 정리되어 있는 정답표현들을 외워만 두세요. 그러면
내용을 전혀 알아듣지 못해도 그것만으로도 일반 의문문 문제 중 적어도 50% 이상은 기
계적으로 정답을 찾을 수 있습니다.

3　맨 앞의 세 단어에 집중하라.

의문사로 시작하지 않는 일반 의문문은 질문의 첫 머리인 세 단어「조동사/be동사＋주
어＋동사」를 놓치지 않는 것이 무엇보다 중요합니다. 문제의 급소 즉, 정답과의 연결고리
는 거의 대부분 여기에서 들려집니다. 이 급소를 놓치면 그 뒤의 내용을 알아들어도 정답
과 연결되는 연결고리를 놓치게 되어서 문제를 해결하기 어려워지지만 이 key words에
만 집중하면 나머지 자세한 내용들을 놓쳐도 쉽게 해결할 수 있습니다. 이제 본문에서 익
힐 때 강(질문의 첫 머리)/약(나머지 내용)을 조절하면서 '강'에 보다 집중하는 훈련을 하
시면 됩니다.

4　질문에서 들은 어휘와 같거나 유사한 발음이 들리면 오답이다.

Part 2 문제 전체에 적용되는 요령으로 의문사 의문문에서도 강조한 바 있습니다. 대부
분의 오답은 질문에 나온 어휘와 같거나 유사한 발음을 등장시켜 혼동을 유도합니다. 내
용을 잘 이해하지 못한 상태에서 질문에서 들은 어휘나 유사한 발음이 들리는 선택문항
은 왠지 질문과 관련이 있을 것 같은 친숙감을 느끼기 쉽기 때문에, 이것을 역이용하는
것입니다. 질문에 사용된 어휘와 발음이 같거나(90% 이상 오답) 유사한 표현(99% 오답)
이 들리는 선택문항은 거의 대부분 오답입니다. 뒤집어 말하면 무슨 말인지 몰라도 질문
에서 들어보지 못한 뭔가 새로운 표현들로 구성된 선택문항이 거의 대부분 정답이라는
거죠.

5 오답을 제거하면 정답이 나온다.

Part 2의 모든 문제에 적용되는 전략으로 의문사 의문문에서도 강조한 바 있습니다. 질문과 정답을 이해해서 해결하는 것이 가장 이상적입니다만 정답을 찾지 못할 때는 역으로 나머지 두 개의 오답을 제거하는 것도 매우 좋은 문제 해결 방법입니다. 실제로 고득점자일수록 이러한 오답 제거 방식을 아주 효율적으로 이용하죠. 고득점자는 날아오는 화살(오답)을 잡아서 도로 적에게 쏘아 쓰러뜨리는 훌륭한 무기로 역이용하지만 초급자는 적이 쏜 수많은 화살을 대책 없이 그 자리에서 맞다가 쓰러집니다. 다음 기출 문제를 살펴볼까요.

Have you seen my <u>train tickets</u>, Ms. Chen?

(A) **They are on your desk**.
(B) Yes, I'm in <u>training</u>.
(C) The <u>tickets</u> aren't refundable, I'm afraid.

설령 내용을 완전히 이해하지 못해도 (B)는 train과 유사한 발음의 training으로 유도하고 있으며, (C)는 tickets를 반복하고 있습니다. 질문에서 사용한 어휘와 같거나 유사한 발음이 반복되면 거의 대부분 오답이라고 했습니다. 따라서 이렇게 오답을 제거하면 바로 (A)가 정답임을 알 수 있죠. 보다 구체적이고 다양한 오답제거 요령은 이어지는 본문에서 익히도록 하세요.

6 도로 되묻는 반문형의 선택문항은 대부분 정답이다.

Part 2는 대화의 문법적인 결함 여부를 묻는 것이 아니라 실생활에서 벌어질 수 있는 다양한 대화를 자연스럽게 이해할 수 있는지를 테스트합니다. 우리도 일상생활에서 강한 긍정이나 부정의 의사 표시를 하고자 할 때 반문을 자주 사용하게 되는데, 이런 반문은 건조하게 대답하는 경우보다 훨씬 분명한 의사를 전달하고 더 자연스러운 대화로 이어지는 효과를 나타냅니다. 이와 같이 반문하는 선택문항은 대부분(약 80~90%) 정답입니다.

일반의문문은 이렇게 나온다

의문사 의문문과 선택의문문을 제외하고, 의문사 없이 조동사나 be 동사로 시작하는 문제들을 편의상 일반 의문문으로 분류하며, 부가의문문, 평서문 등이 이에 포함됩니다.

기본적인 주의사항은 의문사로 시작하는 의문문과 동일하나, 정답의 결정적인 단서를 쉽게 제공해주는 의문사가 없는 문제이므로 보다 주의를 요하는 유형이라고 할 수 있습니다. 의문사 의문문은 맨 앞의 의문사에만 초점을 잘 맞추면 그 이후의 내용을 잘 알아듣지 못하더라도 대부분 정답을 알아내기 쉽지만, 문제해결의 결정적인 실마리인 '의문사'가 없는 일반의문문은 key words인 질문 첫머리, 「조동사/be동사+주어+동사」를 놓치지 않는 것이 무엇보다 중요합니다. 어차피 완벽하게 알아들을 수 없는 일반적인 수험자들은 Listening에서 얼마나 문장을 완벽하게 알아듣는가 하는 것보다는 중요한 key words를 알아듣고 기억하는 집중력이 승패를 가르기 때문입니다.

■ 일반 의문문의 대답방식 (MP3) 39

아래의 정답표현들은 들리면 거의 대부분 정답이므로 반드시 익혀두세요.

1

Yes/No로 대답할 수도, 안 할 수도 있다.

Yes/No로 대답할 수도 있지만 반드시 Yes/No로 대답해야 하는 것은 아니며 응답의 내용만 적절하면 얼마든지 Yes/No를 생략할 수 있다.

2

Yes/No 대신에 다양한 대체표현을 사용할 수 있다.

Yes 대신 자주 사용하는 대체표현

- I think so. 그렇게 생각합니다.
- I guess so. = I suppose so. 그런 것 같아요.
- I hope so. 그랬으면 좋겠어요.
- Sure. = Of course. = Certainly. = Absolutely. = Definitely.
  = You bet. = Without a doubt. 물론이죠.
- That sounds good[great]. = That sounds like fun. 좋습니다.
- That's a good idea. = That sounds like a great idea. 좋은 생각입니다.
- That would be great[nice]. 아주 좋겠네요.
- All right. = You're right. = That's true. 맞습니다.

- Go ahead. = By all means. 그렇게 하세요.

- Help yourself. 마음껏 하세요.

- Suit yourself. = Be my guest. 원하시는 대로 하세요.

- I'd love to. = I'd be happy to. = I'd be glad to. = I'd be delighted to. 기꺼이 그렇게 하죠.

- If you don't mind. = If you wouldn't mind. 괜찮으시면.

- I don't mind if I do. (주로 음식 등을 권유받을 때의 답으로) 네, 기꺼이 받겠습니다[먹겠습니다].

- If you insist. 원하신다면.

- Wait a minute[second]. 잠시만 기다리세요.

- I'll be right there. 바로 갈게요.

No 대신 자주 사용하는 대체표현

- I'm sorry ~ 미안하지만 ~

- I'm afraid ~ 유감스럽지만 ~

- I wish I could, but ~ 저도 그럴 수 있으면 좋겠습니다만, ~

- I'd like to, but ~ 저도 그러고 싶습니다만, ~

- Not at all. 전혀 그렇지 않다.

- Not yet. 아직이요.

- Never. 전혀요.

- Not that I know of. = Not that I'm aware of. 제가 알기로는 아닌데요.

3 Do[Would] you mind -ing?/Do[Would] you mind if ~?는 반대로 대답한다.

'~해도 괜찮겠습니까?'라는 뜻으로 허락을 묻는 질문이며, 직역하면 '~하는 것이[한다면] 싫습니까?'이므로 No면 허락하는 것이고, Yes이면 거절하는 뜻입니다. 대부분 허락하는 내용이 정답으로 출제되는데 '(No,) Not at all'이나 'Sure'가 가장 자주 나옵니다.

허락하는 대답

- (No,) Not at all. = No, I don't (mind). No problem. 괜찮습니다.

- Sure. 물론 괜찮습니다.

    ex. Do you mind if I use your phone? 전화를 써도 될까요?

    → Not at all./No, I don't./No problem./Sure, go ahead. 그럼요./그렇게 하세요.

거절하는 대답

- Yes, I'm afraid ~. 예(싫습니다), 미안하지만 ~

    ex. Would you mind if I open the window? 창문을 열어도 될까요?

    → Yes, I'm afraid I'm a little cold. 아니오, 제가 약간 추운데요.

4 Yes/No가 아닌 중간적인 표현을 사용하기도 한다.

- Actually, ~ 사실은, ~
- Well, ~ 글쎄
- Not really. = Not necessarily. 꼭(반드시) 그렇지는 않습니다.

5 '모른다' 유형의 선택문항은 정답일 확률이 높다.

'모른다(I don't know 등)'로 대답할 수 있으며 이 유형의 선택문항이 들리면 정답일 확률이 매우 높다(90% 이상). 거의 매회 1~2문제 출제된다.

'모른다'를 나타내는 다양한 대답

- I don't know. = I'm not sure. = I have no idea. = I can't tell. 모르겠는데
- It's too early(soon) to tell. 아직 판단하기는 너무 일러
- I can't remember. 기억이 안 나는데
- I can't recall the name at the moment. 지금 당장 이름이 생각나지 않아
- I can't give you exact figures. 정확한 수치는 모르겠네
- It hasn't been decided yet. 아직 결정되지 않았어
- I can't decide. 결정을 못 내리겠어
- It's not my decision. 내가 결정할 수 없어
- I[They, We] haven't decided yet./She[He] hasn't decided yet. 아직 결정 못했어
- I haven't been told yet. = I haven't heard yet. 아직 얘기 못 들었는데
- It depends on ~ 그건 ~에 따라 달라
- It depends. 그건 경우[상황]에 따라 달라
- It's up to you. = I'll leave it up to you. 네가 알아서 해
- He[She] didn't give a reason. 특별히 이유를 말하지 않았어
- He[She] didn't say anything about it. 별 얘기 않았어
- I'll have to ask ~ ~에게 물어봐야 해
- Let me ask[check] ~ ~에게 물어[확인해] 볼게
- Ask ~ ~에게 물어봐
- Let's check ~ 확인 해보자

① **Would you like** me to help you file the documents?

(A) The <u>documentary</u> was very impressive.

(B) **That would be great, thanks**.

(C) I haven't been there before.

② **Don't you want to call** and let them know you're running late?

(A) Yes, she will <u>run</u> the errand.

(B) **No, that's not necessary**.

(C) Thanks, but I prefer the blue one.

③ **Isn't there any faster way** to sort out the information?

(A) They are all <u>sold out</u>.

(B) **Not that I'm aware of**.

(C) I wasn't <u>informed</u> of the results.

④ **Shouldn't we** make reservations in advance?

(A) That's what I had for lunch.

(B) **That's a good idea**.

(C) We can assemble it now.

⑤ Do you know the combination to open this lock?

(A) They don't mix very well.

(B) The safe is on the <u>lock</u>.

(C) **Sorry, I can't remember it**.

나쁜 해설 🔊 I can't remember it.과 같은 '모른다' 유형의 대답은 Part 2 모든 질문 유형에서 자주 정답으로 출제됩니다. (B) 같은 어휘(lock)를 반복하는 것은 오답일 확률이 매우 높다는 것을 말해 주는 장치죠.

정답 (C) 해석 이 자물쇠를 여는 번호를 아십니까? (A) 그것들은 잘 섞이지 않습니다. (B) 그 금고는 잠겨 있습니다. (C) 미안합니다, 기억이 안 나는데요. (* combination 자물쇠 번호)

⑥ Shouldn't we be more focused on the marketing?

(A) It's already 10 percent off.

(B) **Yes, we should**.

(C) No, the camera is out of <u>focus</u>.

나쁜 해설 🔊 문장 맨 앞의 「동사＋주어」를 잘 기억해야 한다는 것을 보여주는 대표적인 문제입니다. (C) 같은 어휘(focus)를 반복하는 것은 오답일 확률이 매우 높다는 것을 말해 줍니다.

정답 (B) 해석 우리가 마케팅에 좀 더 집중해야 하지 않을까요? (A) 그건 이미 10퍼센트 할인된 가격입니다. (B) 예, 그렇게 해야 할 것 같습니다. (C) 아뇨, 카메라가 초점이 맞지 않습니다.

⑦ Will we be changing the venue for the international convention?

(A) Yes, this is brand-<u>new</u>.

(B) **That hasn't been decided yet**.

(C) I'm going to Hawaii for a <u>change</u>.

나쁜 해설 🔊 That hasn't been decided yet.과 같은 '모른다' 유형의 대답은 Part 2의 모든 질문 유형에 자주 정답으로 출제된다고 강조했습니다. (A) venue와 new의 발음이 비슷한 점을 이용하고 있고, (C) change를 반복하여 오답확률을 더욱 높여주고 있는 겁니다.

정답 (B) 해석 국제 컨벤션 개최 장소를 변경할 건가요? (A) 예, 이건 새 겁니다. (B) 아직 결정되지 않았습니다. (C) 기분전환 삼아서 하와이로 갈 겁니다.

⑧ Wouldn't you rather take a taxi?

(A) Yes, the <u>taxes</u> are high.

(B) **No, I'd prefer to walk**.

(C) To the park.

나쁜 해설 🔊 '택시를 타지 않겠는가'라는 말에 '걸어가고 싶다'는 (B)가 자연스러운 정답이다. (A) taxi와 유사한 발음의 tax를 이용하여 유도하고 있고, (C) 「To＋장소」는 Where ~?에 어울리는 대답입니다.

정답 (B) 해석 택시 타고 가시지 않겠어요? (A) 예, 세금이 비쌉니다. (B) 아뇨, 걸어서 가고 싶습니다. (C) 그 공원으로요.

⑨ Should we call you when your furniture arrives?

(A) **I'd appreciate that**.

(B) It was made in Italy.

(C) For the dining room.

나쁜 해설 😊 Should we ~(~할까요)?와 같은 제안에 I'd appreciate that(그래 주시면 고맙겠습니다).가 내용상 알맞은 대답이겠죠? (B) 「in + 장소」는 Where ~?에 어울리는 대답이며, (C) 「For + 명사」는 이유를 묻는 Why ~?에 대한 답변이 됩니다.

정답 (A)   해석 당신이 주문한 가구가 도착하면 전화 드릴까요? (A) 그렇게 해주시면 고맙겠습니다. (B) 그건 이태리제입니다. (C) 식당을 위해서요.

⑩ Shouldn't we reschedule the meeting with the client for later in the week?

(A) We're open nine to six during the <u>week</u>.

(B) **Would Friday morning be all right**?

(C) No, I'll buy it <u>later</u>.

나쁜 해설 😊 '이번 주 후반으로 변경하자'는 제안에 응답자가 '금요일 오전으로 하자'며 다시 제안하고 있습니다. 이와 같이 반문하는 선택문항은 정답확률이 매우 높다는 점을 여러 번 강조했습니다.

정답 (B)   해석 고객과의 회의를 이번 주 후반으로 변경해야 하지 않을까요? (A) 우리는 주중에 9시부터 6시까지 문을 엽니다. (B) 금요일 오전이 괜찮을까요? (C) 아뇨, 나중에 사겠습니다.

⑪ Aren't the accounting interns impressive?

(A) **Yes, they're incredibly efficient**.

(B) I think they are <u>interns</u>.

(C) No, she <u>pressed</u> the button.

나쁜 해설 😊 impressive를 efficient로 바꿔 동의하고 있습니다. 이렇게 하나의 표현을 다양한 방식으로 표현하는 것에 익숙해지는 것이 중요합니다. (B) interns를 반복하고 있고, (C) impressive와 발음이 유사한 press로 유도하고 있습니다.

정답 (A)   해석 회계 부서의 인턴사원들이 눈에 띄지 않나요? (A) 예, 정말 일을 잘합니다. (B) 그들은 인턴사원일 겁니다. (C) 아뇨, 그녀가 그 버튼을 눌렀습니다.

⑫ Can you drop me off at the bus stop?

(A) It's not ready to be picked up.

(B) The schedule was posted on the board.

(C) **I have time to take you home**.

나쁜 해설 😊 '버스 정류장에 내려달라'는 말에 '집까지 데려다 줄 시간이 된다'는 (C)가 자연스러운 응답입니다.

정답 (C)   해석 저를 버스 정류장에 내려 주시겠어요? (A) 그것은 아직 찾을 준비가 안 됐습니다. (B) 일정이 게시판에 게시되어 있었습니다. (C) 댁까지 모셔다 드릴 시간이 되는데요.

⑬ **Would you like to go** to the Russian ballet tonight?

(A) They are very heavy, I suppose.

(B) I was caught up in <u>rush hour</u> traffic.

(C) **Not really, if you don't mind**.

나쁜 해설 😊 Would you like ~?와 같은 제의에 Not really, if you don't mind.도 정답으로 자주 사용됩니다. (B) Russian 과 유사하게 들릴 수 있는 rush hour로 유도하고 있습니다.

정답 (C) 해석 오늘 밤에 러시아 발레 보러 가실래요? (A) 그것들은 굉장히 무거운 것 같아요. (B) 러시아워 교통체증 때문에 차가 많이 막혔습니다. (C) 괜찮으시다면 저는 별로 가고 싶지 않은데요.

⑭ **Have you been to** see the new Paul Edwin movie yet?

(A) **I'm going tomorrow**.

(B) I *saw* him yesterday.

(C) I left the copy on my desk.

나쁜 해설 😊 「No, but ~(아직 못 봤지만)」을 생략한 것으로 볼 수 있습니다. 응답의 내용만 적절하면 얼마든지 Yes/No 를 생략할 수 있죠. (B)에서는 동사(see-saw)를 반복해서 착각을 유도하고 있네요.

정답 (A) 해석 새로 나온 Paul Edwin의 영화를 벌써 보셨나요? (A) 내일 보러 갈 겁니다. (B) 그를 어제 봤습니다. (C) 제 책상 위에 그 사본을 뒀습니다.

⑮ Would **anyone be able to work** an extra shift on the first of November?

(A) It usually takes three days.

(B) No, my birthday is the third of December.

(C) **I'd be happy to stay late that date**.

나쁜 해설 😊 「I'd be happy to ~/I'd be glad to ~/I'd love to ~(기꺼이 ~ 하겠다)」도 Yes의 대체표현으로 자주 출제됩니다. (A) three days와 같은 기간표현은 「How long ~?」에 어울리는 대답입니다.

정답 (C) 해석 11월 1일에 시간외 근무할 수 있는 사람이 누구 있나요? (A) 보통 3일 걸립니다. (B) 아뇨, 제 생일은 12월 3일입니다. (C) 제가 그날 기꺼이 야근하겠습니다.

⑯ **Can you suggest** a good building contractor?

(A) He <u>suggested</u> a good restaurant to me.

(B) **I like the person who renovated our bathroom**.

(C) I couldn't <u>contact</u> her this afternoon.

나쁜 해설 😊 추천해달라는 부탁에 자신의 욕실을 공사했던 사람을 권해주는 (B)가 자연스러운 정답입니다. (A) suggest 를 반복하고 있고, (C) contractor와 유사한 contact로 유도하고 있습니다.

정답 (B) 해석 잘하는 건축업자 있으면 한 명 소개시켜 줄래요? (A) 그는 저에게 좋은 식당을 하나 소개해줬습니다. (B) 우리 집 욕실을 보수한 사람이 있는데 일을 잘합니다. (C) 오늘 오후에 그녀에게 연락이 안됐습니다.

■ 부가의문문 🎧 40

> 매회 평균 3문제 출제되며 질문 끝에 don't you?/aren't you?/right?/okay? 등의 꼬리말이
> 붙는 의문문을 말합니다.

1 **맞으면 Yes, 아니면 No로 대답한다.**

> 마지막에 들리는 꼬리말의 긍정/부정에 상관없이 본문의 내용대로 맞으면 Yes, 아니면 No로 대
> 답하면 됩니다. 물론 Yes/No는 생략할 수도 있습니다.

2 **문제의 맨 앞 「주어+동사」에 최대한 집중해서 들어야 한다.**

❶ The copy room closes early today, **doesn't it**?

(A) No, I bought this suit yesterday.

(B) **Yes, that's what the memo said**.

(C) I was late this morning.

나쁜 해설 😊 「That's what ~ said.」도 최근에 정답으로 자주 출제되는 표현으로, '메모에 그렇게 적혀있더라'고 동의하
는 (B)가 정답입니다. 오답을 드러내는 특별한 장치가 없는 이런 문제는 내용을 이해해야 풀 수 있는 문제입니다.

정답 (B) **해석** 복사실이 오늘은 일찍 문을 닫죠, 그렇죠? (A) 아뇨, 이 정장은 어제 샀습니다. (B) 예, 메모에 그렇게 적혀있었습니다. (C)
오늘 아침에 지각했습니다.

❷ Mr. Suzuki gave an interesting speech the other day, **didn't he**?

(A) **Yes, I enjoyed it very much**.

(B) No, the other movie.

(C) It looks really beautiful.

나쁜 해설 😊 흥미로웠다(interesting)를 정답에는 I enjoyed it으로 바꿔 표현하고 있죠? 같은 단어(the other)를 반복하는
(B)와 같은 문항은 정답이 아닐 가능성이 크다는 〈나쁜 요령〉은 모든 유형의 문제에 적용되니 꼭 기억하세요.

정답 (A) **해석** Suzuki 씨가 며칠 전에 흥미로운 연설을 했었죠, 그렇죠? (A) 예, 정말 재미있게 들었습니다. (B) 아뇨, 다른 영화입니다.
(C) 정말 아름답군요.

❸ He plans to finance the purchase with a loan, **right**?

(A) **Yes, that's his plan**.

(B) No, he is in the accounting department.

(C) Down the hall on your right.

나쁜 해설 😊 Yes, that's his plan.과 같은 표현도 최근에 자주 정답으로 사용되고 있습니다. 장소표현이 등장하는 (B)와
(C)는 질문이 장소에 관한 내용일 때 어울리는 대답이 됩니다.

정답 (A) **해석** 그는 대출 받아서 구입자금을 댈 계획이죠, 그렇죠? (A) 예, 그것이 그의 계획입니다. (B) 아뇨, 그는 회계부서에 있습니다.
(C) 오른쪽에 있는 홀 아래로 내려가시면 됩니다.

④ You're off work in a few minutes, **aren't you**?

(A) No, I turned it <u>off</u> this morning.

(B) There are <u>a few</u> left in the drawer.

(C) **Yes, I'm leaving at four o'clock.**

나쁜 해설 🐱 「be off work(퇴근하다)」이 정답에는 leave로 바꿔 표현되고 있습니다. 같은 어휘(off, a few)를 반복하는 (A), (B)와 같은 선택문항은 오답일 확률이 매우 높죠.

정답 (C) **해석** 잠시 후에 퇴근하시죠, 그렇죠? (A) 이노, 오늘 아침에 제가 껐습니다. (B) 서랍에 몇 개 남아 있습니다. (C) 예, 4시에 퇴근합니다.

⑤ Ms. Ribera is the official spokesperson for the company, **isn't she**?

(A) **She was until recently.**

(B) It was left in the <u>office</u>.

(C) We'll find someone to <u>accompany</u> you.

나쁜 해설 🐱 최근까지는 그랬고 지금은 아니라는 (A)가 자연스러우며, 질문의 주어(She)와 호응하는 것도 (A)뿐입니다. (B)는 official과 유사한 office를, (C)는 company와 유사한 accompany를 반복하여 오답으로 유도하고 있습니다.

정답 (A) **해석** Ribera 씨가 회사의 공식 대변인이죠? (A) 최근까지는 그랬습니다. (B) 그건 사무실에 있던데요. (C) 당신과 같이 갈 사람을 구해 보겠습니다.

■ 평서문 🎧MP3 41

매회 평균 3~4문제 출제되며 말 그대로 질문이 아닌 평서문으로 일반 평서문과 Let's ~. 또는 Let's not ~.의 청유 평서문으로 나눠집니다.

1 맨 앞 「주어+동사」를 놓치지 않는다.

특별한 정답 패턴이 없으며 말을 거는 화자의 말을 가장 자연스럽게 받는 선택문항을 골라야 하므로 문제의 맨 앞 「주어+동사」에 최대한 집중해서 들어야 합니다.

2 들리면 정답인 수락 또는 거절 표현이 있다.

청유 평서문은 수락할 때는 (That) Sounds good[great]./That's a great[good] idea./That would be nice[great]./All right. 등이 들리면 정답이고, 거절할 때는 I'd like to, but ~./I'm sorry, but ~./I'm afraid not. 등이 들리면 정답입니다.

① This budget report contains several errors.

(A) The totals come to five thousand dollars.

(B) **It should have been proofread.**

(C) <u>Several</u> managers were absent from the meeting.

나쁜 해설 🙂 후회나 유감을 나타내는 「should have p.p.」도 최근 정답으로 자주 쓰이고 있습니다. 보고서에 몇 군데 틀린 데가 있다는 말에 '진작 교정을 봤어야 했는데'라고 한 (B)가 자연스러운 응답이죠. (A) 액수는 How much ~?나 What's the price ~?에 어울리는 대답이고, (C) several을 반복하고 있네요.

정답 (B) 해석 이 예산 보고서에 틀린 데가 몇 군데 있습니다. (A) 합계가 5천 달러가 나왔습니다. (B) 교정을 봤어야 했는데요. (C) 몇 명의 부장들이 회의에 불참했습니다.

② This equipment isn't working properly.

(A) The <u>property</u> isn't sold yet.

(B) He is the <u>proper</u> person for the job.

(C) **But it was checked just yesterday.**

나쁜 해설 🙂 But으로 시작하는 선택문항은 대부분 정답이며, 의문문이 아닌 평서문은 다양한 대답이 가능하므로 표현력을 향상시켜 나가야 합니다. 유사한 발음(properly – property/proper)이 들리는 (A)와 (B)같은 선택문항은 거의 대부분 오답입니다.

정답 (C) 해석 이 장비는 제대로 작동되지 않습니다. (A) 그 부동산은 아직 팔리지 않았습니다. (B) 그 일에는 그가 적임자입니다. (C) 하지만 제가 바로 어제 점검했었는데요.

③ The air conditioner in the office is broken again.

(A) **That's the third time this month.**

(B) I'll be out of the <u>office</u> this afternoon.

(C) The schedule has been moved up <u>again</u>.

나쁜 해설 🙂 '에어컨이 또 고장 났다'는 말에 '벌써 이 달 들어서 세 번째'라고 말하는 (A)가 자연스러운 응답입니다. (B)는 the office를, (C)는 again을 반복하여 유도하고 있습니다. 문제에서 사용한 어휘와 같은 것을 반복하거나 유사한 발음이 등장하는 문항은 대부분 오답임을 기억하세요.

정답 (A) 해석 사무실에 있는 에어컨이 또 고장 났어요. (A) 이번 달에 벌써 세 번째예요. (B) 제가 오늘 오후에는 사무실에 없을 겁니다. (C) 일정이 다시 앞당겨졌어요.

길고도 어려운 문제를 만났을 때는? (MP3) 42

Part 2 30문제 중에는 문제의 길이도 길고 내용도 어려워서 수험생들이 알아듣기 힘든 문제가 몇 개 정도 출제되기 마련입니다. 비교적 난이도가 높은 이런 문제가 거의 나오지 않으면 수험생들은 Part 2가 쉬웠다고 말하고, 1~2문제만 출제돼도 어려웠다고 불평하게 됩니다. 하지만 알고 보면 결코 어려운 문제가 아닙니다.

누누이 강조하는 바이지만, 토익은 전체 문장을 완벽하게 알아듣는 것을 요구하는 것이 아니라 질문과 정답이 연결되는 부위 즉, '고리'만 잡으면 나머지 본질적인 내용은 알아듣거나 기억하지 못해도 충분히 해결할 수가 있지요.

가장 중요한 '고리'란 바로 문장의 맨 앞부분인 「동사＋주어」입니다. 정답을 고르는 열쇠의 80% 이상은 바로 「동사＋주어」에 달려 있으므로, 어떤 일이 있어도 스타트를 놓쳐서는 안 됩니다. 문장이 길어지면 거의 대부분의 수험자들은 듣는 동안 다 까먹기 마련이지요. 다시 말해서 중요한 앞부분은 하나도 기억하지 못하고, 문제에 영향을 거의 주지 않는 끝부분의 어휘만 붙들고 어쩔 줄 몰라 하는 겁니다.

다시 강조합니다만 반드시 맨 앞의 「동사＋주어」를 붙들고 늘어져야 합니다. 그러고 나서도 여유가 생기면 나머지 부분까지 이해하는 집중력을 키워 나가세요. 그걸 게을리 하면 결코 고득점을 얻을 수 없다는 사실을 명심하고요.

1 **주어의 인칭을 기억한다.**

주어가 일반 명사인데 뜻을 모르겠다면 사람인지 사물인지 정도만 기억하세요.

2 **동사의 시제와 형태를 기억한다.**

3 **주어와 동사 뒤에 의문사가 나오는 간접의문문일 경우엔, 의문사를 최우선적으로 기억한다.**

❶ Have you heard **when** the new food processing plant is scheduled to be in operation?

(A) The <u>operator</u> is on sick leave today.

(B) Because his *illness* is very serious.

(C) **In a couple of weeks**.

나쁜 해설 😈 의문사가 문장 중간에 나오는 간접의문문이라 해도, Part 2에서는 항상 기억의 최우선 순위를 차지하는 것이 의문사여야 합니다. 다만 의문사로 시작하는 직접의문문이 아니기 때문에 Yes/No로 대답할 수 있다는 점이 다르지요. 문장이 길어지면 수험자들은 당황해서 문제와 정답을 연결하는 '핵심 고리'인 「의문사＋동사＋주어」를 놓치고, 마지막으로 들린 문제의 해결과는 별 관계없는 어휘의 발음만 강하게 기억하기 마련이에요. 그것이 바로 출제자의 의도이기도 하고요. 따라서 (A)도 질문의 끝부분에 있는 어휘 operation과 발음이 유사하지만 의미는 전혀 다르게 쓰인 operator로 유도하고, (B)도 직접적으로 같거나 유사한 발음은 없지만 흔히 수험생들이 operation하면 1차 의미로 병원에서의 '수술'을 떠올리니까 illness로 유도하는 것입니다.

또한 맨 앞의 Because는 의문사 why로 물었을 때 등장하는 단어로 when과는 전혀 어울리지 않기 때문에 처음부터 선택

대상에서 제외시켜야 합니다. 최우선 순위인 when에 대한 시간표현이 들어간 것은 (C)밖에 없죠?

정답 (C) **해석** 새 식품가공 공장이 언제 가동되는지 들었나요? (A) 그 기사가 오늘 아파서 결근했습니다. (B) 그의 병이 위중하기 때문입니다. (C) 2주 후에요.

② **What did the exterminator say about** all these ants and roaches crawling around your apartment?

(A) My <u>aunt</u> is not going to come here.

(B) I think it's very dirty.

(C) **He said** it must be taken care of immediately.

나쁜 해설 문장이 길고 복잡할수록 문제 해결은 오히려 간단합니다. 당황하지 말고 맨 앞의 '연결 고리'에 우선적으로 집중하세요. 어려운 단어의 뜻 같은 건 굳이 알 필요가 없어요. 문제의 포인트는 '어떤 사람이 뒤에 나오는 ~에 대해서 뭐라고 말했는가?'이지요. (A)는 주어와 동사의 시제도 맞지 않지만, 게다가 뒷부분에 나오는 중요하지 않은 어휘(ant)와 발음이 같은 aunt까지 반복하고 있으니 오답입니다. (B)도 주어와 동사, 시제 등이 하나도 일치하지 않네요.

정답 (C) **해석** 당신 아파트에 이 많은 개미와 바퀴벌레를 보고 해충업자가 뭐라고 하던가요? (A) 저희 숙모는 여기 오지 않을 예정입니다. (B) 제가 보기엔 매우 지저분합니다. (C) 빨리 손을 써야한다고 했습니다.

③ **Would you like to see** the financial report before I distribute it to the board of directors?

(A) Yes, <u>the director</u> really wants to go.

(B) **Yes, I want to take a look at it first**.

(C) No, I don't want to be <u>disturbed</u>.

나쁜 해설 문제의 포인트는 역시 앞에 나온 '~을 보고 싶은가?'입니다. 따라서 앞부분의 연결 고리에만 집중한다면 문제의 주어와 동사에 호응하는 것은 (B)밖에 없다는 것을 쉽게 알 수 있을 거예요. (A)와 (C)는 문제 해결과 별로 관계 없는 후반부의 어휘들(director – director/distribute – disturb)과 유사한 표현들을 반복해서 함정을 파놓은 겁니다.

정답 (B) **해석** 이 재정 보고서를 이사회에 넘기기 전에 보여드릴까요? (A) 네, 이사님은 정말 가고 싶어 하세요. (B) 네, 먼저 한번 보고 싶습니다. (C) 아니요. 방해받고 싶지 않습니다.

나쁜 요령

오답 제거해서 〈역으로〉정답 맞히기 (MP3) 43

앞에서 문제를 해결하는 방법은 크게 두 가지가 있다고 여러 번 강조했습니다. 단번에 정답 고르기, 아니면 역으로 오답을 제거해서 정답 고르기! 정확하게 정답을 골라내지 못할 때는 "이건 이래서 틀려."하는 생각을 갖도록 선택문항을 잘 들어보세요. 어떤 경우에는 그렇게 하는 편이 더 쉽게 느껴질 때도 있으니까요.

❶ Is the project **proceeding** as scheduled?

(A) A week at least.

(B) Every two months.

(C) **We're a little behind**.

나쁜 해설 😊 (A)는 앞서 의문사 의문문에서 많이 강조했듯이 A week과 같은 '기간'은 How long~?에 대한 대답이니 틀렸고, (B)는 「every + 시간」과 같은 '빈도'는 How often~?에 대한 대답이므로 정답이 아닙니다. 그렇다면 정답은 들어볼 필요도 없이 (C)가 되겠지요.

정답 (C) **해석** 프로젝트가 일정에 맞게 진행되고 있나요? (A) 적어도 일주일이요. (B) 2달 마다입니다. (C) (일정보다) 조금 늦습니다.

❷ Have you been with the company **long**?

(A) Almost six feet tall.

(B) Three months ago.

(C) **More than eight years**.

나쁜 해설 😊 (A)는 How long~?에서 강조했듯이 Part 2에서 long은 항상 '기간'의 의미로 출제되기 때문에 '길이'가 선택문항에 나오면 오답입니다. (B) 「~ ago」는 When + 과거동사 ~? 문제의 대답입니다. 따라서 자동적으로 (C)가 정답이 되겠지요.

정답 (C) **해석** 그 회사에서 오래 일하셨나요? (A) 거의 6피트 정도됩니다. (B) 석 달 전에요. (C) 8년도 더 돼요.

- Direction은 생략합니다.
- 정답은 189쪽에서 확인, 스크립트와 해설은 홈페이지(www.dobedobe.com) 자료실에 있습니다.

11	(A)	(B)	(C)
12	(A)	(B)	(C)
13	(A)	(B)	(C)
14	(A)	(B)	(C)
15	(A)	(B)	(C)
16	(A)	(B)	(C)
17	(A)	(B)	(C)
18	(A)	(B)	(C)
19	(A)	(B)	(C)
20	(A)	(B)	(C)
21	(A)	(B)	(C)
22	(A)	(B)	(C)
23	(A)	(B)	(C)
24	(A)	(B)	(C)
25	(A)	(B)	(C)
26	(A)	(B)	(C)
27	(A)	(B)	(C)
28	(A)	(B)	(C)
29	(A)	(B)	(C)
30	(A)	(B)	(C)
31	(A)	(B)	(C)
32	(A)	(B)	(C)
33	(A)	(B)	(C)
34	(A)	(B)	(C)
35	(A)	(B)	(C)
36	(A)	(B)	(C)
37	(A)	(B)	(C)
38	(A)	(B)	(C)
39	(A)	(B)	(C)
40	(A)	(B)	(C)

Part 2 급소 총정리 (MP3) 44

도대체 모르겠다면 이렇게 <찍어라>!

1. Part 2에서 들리면 대부분 정답인 표현들

질문을 전혀 이해하지 못했고 전략이나 skill도 적용하지 못했거나, 오답을 역으로 제거하지도 못한 상태에서 아무런 판단도 서지 않을 때는 어떻게 해야 할까요? 좌절하지 마십시오. 그런 때라 해도 '살아남을' 방법은 있습니다. 아래에 제시하는 <들리면 대부분 정답인 표현들>은 적게는 80~90%에서 많게는 거의 99%까지 정답확률을 가지고 있는 알짜 요령들입니다. 질문을 거의 알아듣지 못하고 다른 판단법도 모를 때 3개의 선택문항 중에서 아무 것이나 찍으면 일반적인 기대치인 33%와는 달리 무참하게 대부분 틀리는 경우를 경험했을 것입니다. 찍는 것도 '기술'이고 '능력'입니다. 아무 번호나 찍는 것이 아니라 요령을 알고 찍는다면, 경우에 따라 열에 한두 개 정도는 적용되지 않겠지만 적어도 확률을 몇 배는 높여 줄 것입니다. 문제의 형태와 내용에 관계없이 선택문항에서 들리면 대부분 정답인 표현들은 매우 자주 출제되므로 무조건 기억해두세요.

❶ **Not that I'm aware of. = Not that I know of.** 내가 알기로는 아닌데요[없는데요] – 정답확률 95% 이상

사실은 정답일 확률이 95%가 넘어 앞의 <나쁜 요령>에 넣어야겠지만, 하나의 정답일 뿐 모든 문제를 푸는 전략은 아니므로 여기에 넣었습니다.

❷ **'모른다' 종류의 대답들** (정답확률 95% 이상)

질문을 듣고 모르면 '모른다(I don't know)'라고 대답하는 것은 우리말이든 영어든 당연한 일입니다. 이와 같이 '모른다'로 응답하는 것이 정답인 경우가 매회 평균 한 두 문제 출제되므로 기억해 두면 좋습니다.

- **I don't know. = I have no idea. = I'm not sure.** 잘 모르겠는데요. – 정답확률 90%
- **I'm sorry, ~** 미안하지만, (잘 모르겠다) – 정답확률 80%이상
- **I[They] haven't decided yet./She[He] hasn't decided yet.** 아직 결정 안했어요.
- **It hasn't been decided yet.** 아직 결정이 안 됐어요.
- **I can't decide.** 결정을 못 하겠어요.
- **It's not my decision.**
  결정되지 않았다/결정을 못하겠다.(질문의 화자에 따라서 주어만 달라진다) – 정답확률 95%이상
- **It hasn't been confirmed yet.** 아직 확인[확정]되지 않았다. – 정답확률 95%이상
- **I haven't been told yet. = I haven't heard yet.**
  아직 이야기를 듣지 못했다. – 정답확률 95%이상

❸ '못하겠다/안됐다', It depends ~ 종류의 선택문항은 대부분 정답이다.

- It's up to you. = I'll leave it up to you. 당신이 알아서 해라/당신한테 맡기겠다.
- It depends on ~ ~에 따라 다르다
  ex. It depends on when you travel./It depends on the schedule. 등
- It depends. 상황에 따라 다르다.
- It's too soon to tell. 아직 판단하기에는 너무 이르다.
- I can't recall the name at the moment.
  = I can't remember the name at the moment. 지금 당장은 이름이 생각나지 않네.
- I can't give you exact figures. (알기는 하지만) 정확한 숫자는 못 대겠는데.
- Let me check ~ 내가 한번 확인해 볼게.
  ex. Let me check the schedule. Let me check the manual. 등
- That's a difficult question. 어려운 질문이군요.

❹ Just가 들리는 선택문항은 대부분 정답이다. (정답확률 90%이상)

'단지/그냥' 혹은 '막 얼마 전에/방금' 이라는 의미로 주로 쓰이는 강조부사 Just는 정답에 매우 자주 등장합니다. 따라서 Just 가 들리는 선택문항은 거의 대부분 정답이 되는 경우가 매우 많습니다.

❺ Probably~/Perhaps~로 시작하는 선택문항은 대부분 정답이다. (정답확률 90%)

Probably(아마, 십중팔구)와 Perhaps(아마, 혹시)라는 부사는 화자가 정답을 조심스럽게 말할 때 자주 쓰는 것으로 선택문항에서 들리면 정답확률이 매우 높은 표현들입니다.

❻ Actually, ~으로 대답하는 선택문항은 대부분 정답이다. (정답확률 90%)

Actually(사실은) ~이라고 말했으니 사실대로 말하겠죠. 그렇게 말하고 거짓말하면 안 되겠지요. 제가 여러 번 강조한 '토익은 영어로 보는 상식시험이다'라는 말을 다시 한 번 상기해보세요.

❼ Only if ~/Only when ~으로 대답하는 선택문항은 대부분 정답이다. (정답확률 80~90%)

'오직 ~한다면/오직 ~할 때만'이라고 단정적인 표현을 사용한다는 것은 확신을 한다는 의미이므로 정답일 확률이 높습니다.

❽ I'd rather ~/I'd prefer to ~으로 대답하는 선택문항은 대부분 정답이다. (정답확률 90%)

I'd rather ~(차라리 ~하고 싶다)/I'd prefer to ~(~하는 것이 더 좋겠다)는 주로 상대방이 '~하자'라고 제안하거나, '~할래?'라는 권유 의문문에서 다른 대안을 제시할 때 자연스럽게 사용되는 표현이므로 정답일 확률이 매우 높습니다.

❾ 도로 되묻는 '반문형'의 선택문항은 대부분 정답이다. (정답확률 80%이상)

질문에 대해 평범하게 대답하는 단조로운 문제 구성을 피하고자 하는 출제자의 심리적 의도에 의해 출제되기도 하지만, 실제 대화에서 상대방의 질문에 대해서 반문하는 것은 상대방의 질문에 강한 긍정을 나타내거나(예: 당신 가족을 사랑하나요? – 그걸 말이라고 해요(당연히 사랑한다)?), 적어도 상대방의 말에 귀 기울이고 있다는 증거이므로 평범한 응답보다는 훨씬 자연스럽고 강한 대화의 효과를 줍니다. 대화의 흐름에 있어서는 영어와 우리말이 그다지 차이가 없다는 사실을 잊지 마세요. 어차피 영어를 써도 모두 같은 사람 아니겠습니까?

2. 의문사 의문문 정답공식

❶ How로 시작하는 의문문

- **How much ~?**는 '숫자'나 Let me check ~.(제가 확인해 보겠습니다)가 들리면 정답
- **How long ~?**은 「(for)+기간」「Since+과거시점」이 들리면 정답
- **How often ~?**은 '~마다'와 같은 '빈도'가 들리면 정답
  ex. Twice a week./Three times a week./Every week./Every month./
  Every other day. = Every two days. 이틀에 한 번씩/
  Whenever ~[Whenever I can/Whenever it is necessary] ~할 때마다
- **How soon ~?/How late ~?**은 「by/until+시간표현」이 들리면 정답
- **How far ~?**는 ~ kilometers/~ miles/~ blocks away/Not that far/Not much further가 들리면 정답
- **How many+명사 ~?**는 '그 명사의 숫자'가 정답
- **How many times ~?**는 once/twice/three times 등의 '횟수'가 나오면 정답
- **How do[did] you like ~?**는 '형용사'가 들어간 선택문항이 정답
- **How would you like to do ~?**는 '동의'나 '수락'을 나타내는 '형용사'가 들리면 정답
  ex. That would be great/nice/fantastic.
  I'd be delighted[happy/pleased] to. = I'd love to.
  That sounds good[great]. = That's a good[great] idea.
  I like it very much.
- **How[What] about ~?**은 Sounds good[great]./That would be nice[great]./That's a great idea나 I'm afraid/I'm sorry/I'd like to/I wish I could, but I can't ~/Let's ~가 들리면 정답
- **How ~ get to ~?와 How ~ be transported?**는 '교통수단'이나 '길'이 들리면 정답
  → bus/taxi/car/plane[by air]/train/(by) ship[boat] 등의 '교통수단'이나 ~ street/~ avenue 등의 '길'이 들리면 정답
- **How did ~ go?**는 '형용사'가 들어간 선택문항이 정답
- **How do you feel about ~?**는 '형용사'가 들리면 정답

❷ Why로 시작하는 의문문

- '이유'를 묻는 일반적인 Why ~? 문제는 To 동사원형 ~/In order to 동사원형 ~ (~하기 위해서)/For+명사 (~ 때문에)/So+S+can(may)+동사원형 ~ (~하기 위해서)가 들리면 정답

- '제안'이나 '권유'를 나타내는 Why don't we ~?/Why don't you ~?/Why don't I ~?는 아래의 표현이 들리면 정답

  '동의' 표현

  - That sounds good/great!/Sounds good/great!

  - That's a great/good idea!, What a great idea!

  - That'd be nice/great!

  - Sure./Of course.

  - Alright.

  - That would work out well for me.

  - I think I will.

  - (Yes,) We can do that.

  - (Thanks) I'd love to. = I'd be happy to.

  - It's OK with me. = It's fine with me.

  - I'm willing if ~

  - Yes, I think I might.

  - I'd appreciate that. – 주로 「Why don't I ~?」에 대한 대답

  '거절' 표현

  - I don't think I can. = I can't.

  - Unfortunately, I have other plans.

  - I have a previous appointment.

  - Thanks, but ~.

  - I'm sorry, but ~.

  - I'd like to, but ~.

  - I'm afraid not. = I'm afraid ~.

  - No, thanks.

- Why ~? 질문에서 Because가 들리면 무조건 오답

❸ When, Where로 시작하는 의문문

- When+현재/미래시제동사 ~?는 「in+시간」/「next+시간」이 들리면 정답
- When+과거시제 동사 ~?는 ~ ago나 「last+시간」이 들리면 정답
- 시제에 관계없이 When ~? 문제에서 Not until~/Not for~ (정답확률 100%), When~/While~/As soon as~/Before~/After~/Until~ (정답확률 90%)이 들리면 정답
- Where ~?는 「in/at/on+장소」와 같은 '장소'가 들리면 정답

❹ What으로 시작하는 의문문

- What time ~?는 「(at)+시각」이나 「by+시각」이 들리면 정답
- What + 명사 ~?는 명사의 '종류'나 '이름'을 대는 것이 정답
- What percent ~?는 '숫자'가 들리면 정답
- What's the fastest[best] way to ~?는 '교통수단'이나 '길'이 들리면 정답
  → bus/taxi/car/plane[by air]/train/(by) ship[boat], ~ street/~ avenue
- What's ~ like?는 '형용사'가 들리면 정답
- What's ~ about?은 절이 아닌 '명사(구)'가 들리면 정답
- What's your opinion of ~?/What do you think of[about] ~?/What's your impression of ~?은 '형용사'나 '부사'가 들리면 정답. 특히 형용사 reasonable이 들리면 무조건 정답
- What are your plans for ~?는 「I'm -ing」나 「I will ~」가 정답
- What should I[we] do ~?는 '명령문'이 들리면 정답
- What kind[type] of work do you do?는 '직업'이나 '직종'이 들리면 정답
- What's the estimate ~?는 '숫자'가 들리면 정답

❺ 기타 의문사로 시작하는 의문문

- Which로 시작하는 의문문은 the one이 들리면 정답
- Who로 시작하는 의문문은 '사람 이름, 직함, Someone from[in]~, I, We, You 들의 대명사와 같은 '사람'이나 '회사'나 '부서이름'이 들리면 정답

---

3. 일반 의문문에서 정답으로 자주 사용되는 표현

❶ Yes/No, but ~으로 시작하는 선택문항은 대부분 정답이다. (정답확률 80%이상)

상대방의 질문에 반드시 Yes나 No에 해당하는 단선적인 대답을 할 수 없는 경우가 많습니다. 가령, Have you finished the report?라는 질문에 '아직 다 하지는 못했지만 지금 작업하고 있는 중이다'라는 중간적인 경우가 있는데, 이럴 때 No, but I'm working on it.과 같은 표현은 매우 적절하면서도 충분히 자신의 상황을 전달하게 됩니다. 따라서 정답확률이 높습니다.

❷ 일반 의문문에서 Yes 대신 자주 정답으로 사용되는 표현 (정답확률 90% 이상)

- I think so./I guess so./I suppose so. 그렇게 생각해요./그런 것 같아요.
- I hope so. 그랬으면 좋겠어요.
- Sure./Of course./Certainly./Absolutely./Definitely./Without a doubt./You bet. 물론이죠./그렇고 말고./정말 그래.
- You're right./That's true. 당신 말이 맞아요./사실이에요.

- Go ahead./Help yourself./Suit yourself./Be my guest./By all means.
  어서 그렇게 하세요./마음껏(편하신 대로) 하세요.
- I'd love to./I'd like to. 좋아요./저도 그러고 싶어요.
- I'd be glad to./I'd be happy to./I'd be pleased to. 기꺼이 그렇게 하죠.
- If you don't mind./If you wouldn't mind. 괜찮으시면 (그렇게 해주세요).
- I don't mind if I do. (주로 음식 등을 권유받을 때의 답으로) 네, 기꺼이 받겠습니다[먹겠습니다].

❸ 일반 의문문에서 No 대신 자주 정답으로 사용되는 표현 (정답확률 90% 이상)

- Not that I'm aware of. = Not that I know of.
  내가 알기로는 아닌데요[없는데요]. (정답확률 95% 이상)
- I'm afraid ~ 유감스럽지만 ~ (정답확률 90%)
- I'm sorry ~ 미안하지만 ~ (정답확률 90%)
- Not at all. 전혀 아니다 (정답확률 90%)
- Not yet. 아직 ~아니다/~하지 않았다 (정답확률 90%)
- Never. 결코 ~아니다 (정답확률 90%)

❹ 중간적인 대답으로 자주 정답으로 사용되는 표현

- Actually, ~ 사실은, ~
- Not really. = Not necessarily. 반드시[꼭] ~인 것은 아니다
- Well, ~ 글쎄요, ~

❺ A or B 선택의문문은 either, whichever, whatever, both, each, neither가 들리면 정답이다.

PART 3

문제를 미리 꼼꼼히 읽어두는 게 중요하다!

Part 3는 두 사람의 화자가 주로 A-B-A-B 형식(1~2개는 A-B-A 형식)으로 나누는 대화를 듣고 문제지에 있는 질문과 선택문항을 읽은 후 그 중에서 가장 적절한 정답을 고르는 유형입니다. 하나의 대화에 3개의 문제가 할당되므로 전체적으로는 대화문 10개에 총 30문항으로 구성됩니다. 예전보다 대화의 분량이 길어졌고 대화 하나를 듣고 나서 관련된 문제를 세 개나 풀어야 하기 때문에 문제에 대한 집중력이 상당히 요구됩니다. 대화를 들을 당시에는 내용을 잘 이해하더라도 막상 세 문제에 대한 해당사항을 기억하지 못해 다 알아듣고도 정답을 찾지 못하는 위험한 상황이 벌어질 수도 있습니다. 또, 대화를 듣기 전에 해당하는 문제와 선택문항을 미리 읽어두지 않으면 무엇을 신경 써서 들어야 할지 모르기 때문에 대화내용을 다 기억해야 하는 부담이 생기고, 최악의 경우 내용은 알아들었는데도 문제에 대한 대처능력이 부족해서 세 문제 다 틀릴 수도 있습니다. 그러므로 대화를 듣기 전에 문제와 선택문항을 읽어두고 대화를 들으면서 정답이 들릴 때 바로 체크하는 순발력과 집중력을 기르도록 노력해야 합니다. 거기에 〈나쁜강의〉를 통해 전략과 요령, 그리고 각 문제 유형별 급소와 핵심을 익히면 빠른 시간 내에 초보자라도 쉽게 Part 3의 당당한 승자가 될 수 있습니다.

Part III를 확실히 잡는 〈나쁜 요령〉 10가지 🎧 MP3 46

Part 3와 Part 4는 Part 1이나 Part 2와는 달리 순수하게 Listening 능력만을 테스트하는 것이 아닙니다. Part 1이나 Part 2를 풀 때 순발력이 더 중요하다면, 문제지에 나와 있는 문제와 선택문항을 읽고 풀어야 하는 Part 3와 Part 4에서는 집중력이 더 우선합니다.

1

대화가 들리기 전에 반드시 문제를 읽어둬야 한다.

Part 3는 Part 4와 함께 순수한 Listening 문제가 아니라 Reading과 결합된 복합문제로 어찌 보면 'Reading'의 비중이 더 높을 수 있습니다. 다시 말해서, 얼마나 많이 알아듣느냐 하는 '청취의 양' 보다 내용을 듣기 전에 신속하게 문제와 선택문항을 파악하는 '독해력'이 점수에 상당한 영향을 끼칩니다. 지문을 듣기 전에 문제를 미리 파악해서 무엇을 집중해서 들어야하는지 알고 듣는 사람과 문제가 무엇인지도 모르고 내용을 듣는 이의 점수차이는 매우 큽니다. 미리 문제를 숙지하고 그에 해당하는 정답이 들릴 때 바로 그 자리에서 체크하지 않으면 당시에는 알아듣지만 나중에 기억이 안 나거나 혼동이 되어서 틀리는 경우도 많습니다. 따라서 반드시 미리 문제를 파악한 후 대화를 듣는 훈련이 되어 있어야 합니다. 그러면 언제 문제를 읽어둬야 할까요? 책 서두의 〈나쁜 힌트〉에서 설명했습니다만 다시 한번 자세하게 말씀드리겠습니다.

① 시험지와 답안지를 배포한 직후(대략 10시 10분 경)에 시험지의 문제나 페이지가 잘못 인쇄되어 있거나 빠진 것이 있는지를 확인하라는 '파본검사' 시간과 이어서 시험에 대한 잡다한 설명이 다음과 같이 나옵니다. "감독자 여러분께서는 문제지를 각 줄의 인원수에 맞춰 준비한 다음 제일 앞에 계신 수험자의 책상 위에 놓아주십시오. … 시험 도중에는 파본이 나오더라도 절대 교환이 안 되니 검사를 소홀히 하시지 마시고 지금 반드시 확인하시기 바랍니다. … 그럼 지금부터 시험을 시작하겠습니다. 모든 수험자께서는 2페이지를 펼쳐주시기 바랍니다.(15초 pause)" 이 안내방송이 정확하게 1분 30초 동안 나옵니다. 이때 순진하게 시험지를 한 장씩 넘겨가면서 파본검사를 하는 한가한 행동을 해서는 절대 안 됩니다. 이 알토란 같은 시간에 안내방송을 무시하고 Part 3으로 가서 문제와 선택문항을 신속하게 읽기 시작해야 합니다. 문제와 선택문항의 핵심부분에 집중하면서 읽으세요. 이때 나중에 다시 돌아왔을 때 빨리 알아볼 수 있도록 문제의 의문사나 화자의 성별, 이름 등의 중요 어휘에는 연필로 표시를 해둡니다. 시험지에 낙서를 하거나 표기하지 말라는 '현실성 없고 무책임한' 안내방송은 무시하세요. 아무 지장이나 불이익이 없으므로 안심하고 최대한 시각적으로 눈에 띄도록 최선을 다하세요.

② 안내방송이 끝나고 "Listening Test. In the Listening test, you will be asked to demonstrate how well you understand the spoken English ~"로 시작되는 전체 Listening Section에 이어서 Part 1에 대한 Direction이 들립니다. 이 시간이 약 1분 30초 정도 됩니다. 이 때 Direction을 그냥 듣고 있는 사람은 '시험을 치르는 것에 의의가 있는' 사람들입니다. 이 시간을 잘 활용하면 상당히 많은 Part 3 문제를 읽어둘 수 있습니다.

다만 문제를 읽다가 "~So you should select answer (C) and mark it on your answer sheet. Now, Part 1 will begin."이라는 Part 1 문제 시작을 알리는 말이 나올 때 Part 1으로 돌아와서 문제를 풀기 시작하면 됩니다.

③ Part 1이 끝나면 "Part 2. Directions: You will hear a question or statement and three responses spoken in English. They will not be printed in your test book and will be spoken only one time. ~"로 시작하는 Part 2에 대한 Direction이 시작됩니다. Part 2의 Direction은 약 1분입니다. 이때도 역시 Part 3 문제를 읽어야 합니다.

④ Part 2가 끝나면 역시 "Part 3. Directions: You will hear some conversation between two people. You will be asked to answer three questions about what the speakers say in each conversation. ~"로 시작하는 Part 3에 대한 Direction이 시작됩니다. Part 3의 Direction은 약 35초로 비교적 짧습니다. 이 시간이 Part 3 문제와 선택문항을 읽을 수 있는 마지막 기회가 됩니다.

이상의 자투리 시간(4분 30초)을 잘 활용하면 Part 3의 30문제는 충분히 읽어둘 수 있습니다. 이렇게 되면 Part 3는 50% 이상 해결된 것이나 다름없다는 것을 시험을 치러보면 알 수 있을 것입니다. 시험에 대한 경험이 쌓이고 조금 숙달되면 이 시간에 Part 4까지 읽어둘 수도 있습니다. 만약 본인에게는 Part 4가 더 취약하다는 생각이 들면 이 시간에 Part 4를 먼저 읽어도 됩니다.

2 대화 도중에 정답이 나오면 바로 선택하라.

문제와 문제 사이의 간격은 8초, 세 문제 전체로는 약 24초밖에 안 됩니다. 이 시간을 문제를 푸는 데만 다 써서는 안 됩니다. 미리 문제를 파악했으므로 대화 도중에 정답이 나오면 바로 시험지에 표기를 하고, 만약 그것이 여의치 않으면 대화가 끝나자마자 각 문제에 주어진 8초 중에서 늦어도 3~4초 안에 정답을 결정하고 전체적으로는 해당 대화의 마지막 세 번째 문제를 읽어줄 때는 이미 다음 지문의 문제와 선택문항을 다시 확인하면서 준비해야 합니다. 이 시간을 방금 들은 대화의 문제를 읽고 푸는 데 다 써버리면 다음 문제를 다시 확인할 시간이 부족하게 되어 이후 계속 시험에 끌려다니는 현상이 발생하게 됩니다.

3 Key words만 들으면 된다.

Part 3에서 처음부터 끝까지 대화내용을 모두 알아듣고 기억해야만 풀리는 문제는 없습니다. 앞에서 말한 대로 문제와 선택문항을 미리 읽어두고 몇 개의 key words만 잡아내면 나머지 내용은 전혀 이해하지 못해도 문제를 쉽게 해결할 수 있습니다. 반면에 key words를 놓치면 문제와 관련이 없는 나머지 대화내용을 많이 알아들어도 틀리기 쉽습니다. 미리 문제를 파악하고 묻는 부분에 대해 집중해서 들으면 일부만 알아듣고도 문제를 해결할 수 있지만, 그렇지 않으면 상당히 많은 것을 알아듣고도 틀리게 됩니다. 대화내용을 처음부터 끝까지 다 알아듣고 기억하려다 보면 오히려 나중에 헷갈리거나 정작 정답부분이 생각나지 않아서 문제를 놓치기 쉽습니다. 문제를 미리 읽어두고 길목에서 대기하는 것이 매우 중요하다는 이유가 바로 이 때문입니다.

4 대화 중에 나온 key words를 바꿔서 표현(paraphrase)한 선택문항이 정답이다.

대화 중에 들린 정답표현은 선택문항에 그대로 똑같이 표시되지 않고 다른 표현으로 바뀌어서 나타납니다. 가령, 대화 중 남자가 "I want to get a refund."라고 말한 것이 정답표현이고, 남자가 원하는 것이 무엇인가?가 질문이라면 정답 선택문항에 그대로 'refund'라고 나오지 않고 'have the money back'처럼 같은 뜻의 다른 표현으로 나타납니다. 단, 사람이나 회사 이름, 지명, 숫자, 금액, 시간 등은 달리 바꿔서 표현하기 어려우므로 대부분 대화에서 들린 그 대로 선택문항에 나타납니다.

5 각 질문에 나오는 화자가 하는 말에 집중하라.

대부분의 문제는 각 질문에 나오는 화자의 말에 결정적인 단서가 있습니다. 질문에 나오는 화자가 'the man'이라면 남자의 말에서, 'the woman'이라면 여자의 말에서 정답이나 결정적인 단서가 나올 확률이 가장 많습니다. 질문의 화자가 'Mr. Jackson'과 같은 특정인이라면 그 사람이 말하거나 그 사람이 등장하는 문장에 대부분 정답이 들어 있습니다. 물론 상대화자의 말에서도 힌트가 주어질 수 있지만 결정적인 단서는 질문에 나오는 화자의 대사에서 들리는 경우가 대부분입니다. 따라서 질문에 나오는 화자를 미리 파악하고 그 화자의 말에 집중해서 듣는 것이 중요합니다.

6 첫 문장과 마지막 문장을 놓쳐서는 안 된다.

Part 3는 A와 B 두 사람이 주로 'A-B-A-B' 형식으로, 한두 지문은 A-B-A 형식으로 대화를 나누게 됩니다. 처음으로 말하는 A(첫 문장)와 마지막 대사(B 혹은 A)에서 대부분 정답이나 결정적인 단서가 많이 들립니다. 특히, "What are they discussing?" 등과 같은 대화의 주제를 묻는 문제는 거의 대부분(90%이상) 첫 대사에서 정답이 밝혀지므로 첫 대사를 절대 놓치지 않아야 합니다. 반면에 방법을 묻는 'How ~?'나 이유를 묻는 'Why ~?'는 대부분 후반부의 대사가 결정적인 역할을 하는 경우가 많습니다.

7 But, No, Actually, So 뒤에 나오는 말이 대부분 정답이거나 결정적인 단서다.

Part 2에서도 'Yes/No, but ~'이나 'Actually'가 들리는 선택문항이 대부분 정답이라고 강조한 바 있습니다. Part 3에서도 마찬가지입니다. 'But'이나 'No' 또는 'Actually', 'So' 뒤에 나온 대사가 대부분 정답입니다(약 90%). 그 뒤에 들리는 단어 한두 개만 기억해도 문제가 해결되는 경우가 많기 때문에 이런 단어가 들리면 최대한 집중해서 들어야 합니다.

8 숫자, 날짜, 요일, 사람 이름 등 동일유형의 선택문항으로 구성된 문제는 정답이 들릴 때 바로 선택하라.

이런 유형의 문제는 선택문항에 적혀 있는 것들이 대화 속에 대부분 등장합니다. 대화는 평이하지만 비슷한 것들이 여러 개 들리므로 정답이 나오는 그 순간에 판단하지 않으면 나중에 혼동되어서 틀리기 쉽습니다. 따라서 문제 중에 이런 유형이 있으면 반드시 미리 문제를 파악하고 대화 도중에 정답이 들릴 때 바로 선택해야 합니다.

9 놓친 문제나 지나간 문제에 절대 미련을 갖지 말아라.

대화를 다 듣고도 정답에 대한 판단이 서지 않으면 정답이라고 생각되는 것들을 신속하게 선택한 후 다음 지문의 문제로 넘어가야 합니다. 여기서 '미련'을 가지고 멈칫하게 될 경우에는 다음 지문의 문제들을 읽어두지 못한 채, 즉 준비가 되지 않은 상태로 듣게 되어 계속 밀리게 되는 일종의 도미노 현상이 일어나 계속 문제에 끌려다니다가 Part 3 전체를 망치게 됩니다. 경우에 따라서는 전체를 위해서 한두 문제 정도는 포기할 줄 아는 과단성도 중요한 시험능력임을 명심해야 합니다. 초보자일수록 문제에 대한 집착과 미련이 강합니다. 반면에 고수는 자신 없는 문제는 신속하게 판단을 내리고 일단 지나간 문제는 두 번 다시 뒤돌아보지 않습니다. 한 문제에 집착하다가 다음 문제까지 줄줄이 희생시키는 실수를 저질러서는 절대 안 됩니다.

10 일단 시험지에 표기해두고, Listening Part가 다 끝난 후 한꺼번에 답안지에다 옮겨라.

8초라는 짧은 시간에 답안지에 표기하느라 몇 초를 허비할 필요가 있을까요? 또 문제마다 바로 하나씩 답안지에 표기하다 보면, 자칫 밀려 써서 아주 시험을 망치는 경우도 있습니다. 그러니 답안지에 바로 정답을 표기하기보다는 시험지에 표기해 두었다가, R/C 시작하기 전에 한꺼번에 옮기세요. 1∼2분이면 충분합니다.

Part III의 문제유형 집중분석

나쁜요령

Part 3는 유형별로 집중해서 들어야 하는 정답 위치와 고유의 특징이 있습니다. 문제만 읽어봐도 어디에서 정답을 기다리고 있어야 할지 파악이 가능합니다.

1 대화장소나 화자의 직업을 묻는 문제

Part 3에서 가장 난이도가 낮은 유형 중 하나로 전체 내용을 잘 알아듣지 못해도 장소와 직업에서 자주 등장하는 기본적인 어휘 한두 개만 잡아내면 쉽게 문제를 해결할 수 있습니다. 따라서 너무 긴장하지 말고 key words만 잡자는 생각으로 편안하게 들으면 됩니다. 특히 뒤에 정리되어 있는 'Part 3 빈출 상황별 필수어휘'를 꼭 알아두세요.

대화장소, 화자의 직업을 묻는 질문의 유형
- Where is the conversation taking place?
- Where most likely are the speakers?
- Where do the speakers work?
- Who most likely are the speakers?
- Who is the man[woman]?
- Who is the man[woman] most likely talking to?

2 대화의 주제를 묻는 문제

두 화자가 무엇에 대해 이야기하고 있는지 묻는 유형입니다. 이처럼 주제를 묻는 문제는 거의 대부분 정답이나 결정적인 단서가 대화의 첫 문장에 등장합니다. 따라서 첫 문장을 절대 놓치지 않는 것이 중요합니다.

주제를 묻는 질문의 유형
- What are they[speakers] discussing?
- What are they talking about?
- What is being discussed?

3 이유를 묻는 문제

Why로 시작하는 질문으로 대부분 질문에 나오는 화자가 하는 대사에 정답이나 결정적인 단서가 있습니다. 특히, 그 화자의 두 번째 대사에서 가장 많은 단서가 나옵니다. 따라서 미리 문제를 파악하고 그 부분에 집중하면 보다 쉽게 정답을 알아낼 수 있습니다.

4

숫자, 이름 등으로 선택문항이 구성된 문제

동일한 유형이지만 숫자나 명칭만 다른 선택문항들로 구성된 문제는 대화에 4개의 선택문항 중에서 2개 이상, 많을 때는 4개 모두 등장하기 때문에 미리 문제를 읽어두고 집중하고 있다가 정답이 들릴 때 바로 체크하지 않으면 나중에 혼동되어 틀리기 쉽습니다. 따라서 문제를 미리 읽고 준비하다가 정답이 들리는 순간을 놓치지 않는 것이 매우 중요합니다.

Part 3 빈출 상황별 필수어휘

• **theater/cinema/box office** 극장/매표소(**clerk** 직원)

ticket 입장권   balcony seat 발코니 좌석   aisle seat 통로 쪽 좌석   movie 영화(= film)   play 연극
part 배역, 역할   star 주연으로 출연하다(= feature)   row 6 6번 줄   C-45 C-45번 좌석
switch seats 자리를 바꾸다   sit by the aisle 통로 쪽에 앉다
interrupt the audience 관객을 방해하다

• **hospital/clinic** 병원(**doctor** 의사 **physician** 내과의사 **surgeon** 외과의사 **patient** 환자)

medical test[exam] 검사(검진)(= (physical) check-up)   prescription 처방(전)
X-ray exam[picture] 엑스레이 검사(사진)   make an appointment 진료 예약하다
receptionist 접수계원(병원에서 환자의 예약접수 및 전화 받는 사람)   pain 통증   feel better 증상이 호전되다
headache 두통   stomachache 위통   allergy 알레르기   wrist 손목   ankle 발목
medicine 의학/의약품   medical conference 의학회의   operation 수술(= surgery)
surgical technique 수술기술   vision 시력(= sight)   contact lens 콘택트렌즈
blurry (눈이) 흐릿한, 침침한   tablet 알약(= pill)   settle the stomach 속을 진정시키다, 구토증을 가라앉히다
nauseous 메스꺼운   nausea 메스꺼움   prescribe 약을 처방하다   side effect 부작용
hurt 아프다, 아프게 하다   feel well 컨디션이 좋다, 몸이 건강하다   lung 폐   illness 질병(= disease)
high blood pressure 고혈압   diabetes 당뇨병

• **post office** 우체국(**clerk** 우체국 직원)

mail 우편으로 보내다, 발송하다(= send)   package 소포(= parcel)   stamp 우표   regular mail 보통우편
registered mail 등기우편   express mail[delivery] 특급우편, 특송 (= special mail, overnight mail)
air mail 항공우편   surface mail 해상(육상)우편   postal rates 우편요금(= rates)
postage 우편요금, 우편

• **bank** 은행(**clerk/banker/teller** 은행직원)

open an account 계좌를 개설하다   savings account 저축계좌   checking account 당좌계좌
loan 대출(융자)   check 수표   slip 전표   transfer 계좌이체하다   deposit v. 예금(입금)하다 n. 예금
withdraw 돈을 인출하다   cash a check 수표를 현금으로 바꾸다   get[take] a loan 대출받다
interest rate 이자율(금리)(= rate)

• **flight/airplane** 비행기(**pilot** 조종사 **flight attendant** 승무원 **passenger** 승객)

land 착륙하다(= touch down)   take off v. 이륙하다 n. 이륙
overhead compartment (좌석 위의) 짐 넣는 선반   cabin 객실   pillow 베개   blanket 담요
Can I get you something to drink? 마실 것 좀 갖다드릴까요?
Can I get you something to read? 읽을 것 좀 갖다드릴까요?

- **airport** 공항　**airline** 항공사(**agent** 항공사 직원 **passenger** 승객)

flight 항공편　**processing** 탑승수속　**check the luggage[bag, suitcase]** 짐 수속을 하다
check-in 탑승수속하다　**seat assignment** 좌석배정　**overbook** 예약을 초과하여 받다
upgrade to first class 일등석으로 업그레이드 시켜주다

- **real estate agency** 부동산(**agent** 중개인 **landlord/landlady** 집주인 **tenant** 세입자)

rent 집세, 방세　**studio apartment** 원룸 아파트　**appliance** (가정용) 기구, 가전제품　**kitchen** 주방
bedroom 침실　**bath** 욕실　**bath tub** 욕조　**utility** (전기 · 가스 · 수도 등의) 공공설비
cost of electricity 전기료

- **restaurant** 레스토랑(**waiter/waitress/crew** 종업원 **customer** 손님)

bill 계산서(= check)　**order** v. 주문하다 n. 주문　**server** 종업원(= waiter, waitress)
reserve the table 테이블을 예약하다　**clean[clear] the table** 식탁을 치우다
set the table 테이블을 차리다　**wipe the floor** 바닥을 닦다　**chop up the vegetable** 야채를 썰다
May I have another coffee[tea]? 커피[차] 한 잔 더 주시겠습니까?　**reservation list** 예약명단
dine 식사하다　**party** 일행　**I'll bring it right away.** 바로 갖다드리겠습니다(= I'll be right back.)

- **library** 도서관(**librarian** 사서)

check out a book 책을 대출하다　**return the book** 책을 반납하다

- **store** 가게(**clerk** 점원)

display v. 진열하다 n. 진열　**front window** 앞쪽 진열창　**shelf** 진열대, 선반
rack (옷, 모자 등의) 걸이, 선반　**check-out counter** 계산대　**warranty** 보증(서)
exchange the defective product 불량품을 교환하다　**free of charge** 무료인
try on 입어[신어]보다　**a pair** 한 벌[켤레]　**aisle** (진열대 사이의) 통로　**canned soup** 통조림 스프
dry bean 말린 콩　**sell out (of)** ~ ~를 다 팔다　**be sold out** 다 팔린, 매진된　**preorder** 선주문하다
wholesale 도매　**retail** 소매

- **newspaper/magazine** 신문사/잡지사(**reporter** 기자 **editor** 편집인)

article 기사(= story)　**cover page** 1면(= front page, first page)　**headline** 헤드라인
deadline (기사) 마감시간　**press** 인쇄소(윤전기)

- **laboratory** 실험실(**technician** 실험실 기사[연구원])

microscope 현미경　**glass tube** 시험관(= test tube)　**lab coat** 실험가운
disposable glove 일회용 장갑　**experiment** 실험

- **garage/car repair shop** 자동차 정비업소(**mechanic** 정비기사, 정비공)

car 자동차　**vehicle** 차량　**engine** 엔진　**start** vi. 시동이 걸리다　**fix** 수리하다(= repair)　**part** 부품
brake 브레이크　**radiator** 라디에이터

- **hotel** 호텔(**clerk** 호텔직원 **receptionist** 프런트 데스크 직원)

suite 특실　**double** 2인용 침대객실(= double bed room)　**single** 1인용 침대객실(= single bed room)
lobby 로비　**check-in** 입실수속하다　**check-out** 퇴실수속하다　**stay** 숙박하다
book 예약하다(= reserve)

- **taxi** 택시(**driver** 운전기사)

take me to ~ ~로 데려다주세요　**take the express way** 고속도로를 타다
go through town 시내를 통과해서 가다

• advertising company 광고회사

advertising campaign 광고 캠페인(= advertising)   feedback (주로 소비자들의) 반응
public response 대중들의 반응

• company 회사(employer 고용주 employee 근로자 applicant/candidate (입사) 지원자)

application 지원서   job 일자리, 지위(= post, position)
job opening 일자리(= job vacancy, opening vacancy)   résumé 이력서   promotion 승진, 판촉(홍보)
shipping 선적, 발송   ship 선적[발송]하다   transport v. 운송하다 n. 운송, 수송수단(= transportation)
volume discount 용량할인(대량구입이나 거래 시 받는 할인)   supplies 보급품
work late 야근하다(= stay late, work overtime)   supervisor 감독자, 상사
department head 부서장(= section head, division head)   ID 신분증(Identification의 약어)
pay raise 급여인상(= raise)   headquarters 본사   branch 지점, 지사(= office)
CEO 최고경영자(= Chief Executive Officer)   executive 중역, 간부   auditor 감사관
inventory 재고, 재고목록, 재고조사   inspection 검열, 검사   assembly line (공장) 조립라인
maintenance 관리, 보수   sales representative 판매사원   intranet (회사 등의) 사내전산망
stock 주식(= share)   currency market 외환시장   currency trader 외환딜러   transaction 거래
stock price index 주가지수   options market 옵션시장, 선물시장   volatile (가격 등의) 변동이 심한
market share 시장점유율   market research 시장조사   deal 거래, 협정

• restaurant/hotel 서비스업(receptionist 접수계원)

call to confirm an appointment 예약을 확인하러 전화하다
reschedule an appointment 예약을 변경하다

• hair shop 미용실(hairdresser 헤어디자이너)

haircut 이발   trim 다듬다   cut 자르다   shampoo n. 샴푸 v. 머리 감다
How short do you want it? 얼마나 짧게 깎아드릴까요?
How would you like your haircut? 머리를 어떻게 잘라드릴까요?

• travel agency 여행사(travel agent 여행사 직원)

itinerary 여행일정   confirm the reservation 예약을 확인하다   book 예약하다(= reserve)
resort 휴양지

• design company 디자인 회사(interior designer 실내 디자이너)

decorate 장식하다   modern 현대적인   simple 단순한   style 양식, 풍

Questions 1-3 refer to the following conversation.

M: Ms. Carter, I see you're still not feeling well. Take two of these tablets three times a day, just after meals. They'll help settle your stomach.

W: I hope so; it's been hurting for over a month. I think I need something strong to help me. Are there any side effects to this? Will I feel sleepy or anything?

M: No, no real side effects. Just stay away from alcohol while you're on these; they don't interact well with alcohol.

W: I see. Okay, I'll do that. I don't drink much, anyway. Thanks for all your help, doctor.

해석 남: Ms. Carter, 여전히 몸이 별로 안 좋아 보이네요. 하루에 세 번 식후에 이 약을 두 알씩 드세요. 그러면 속이 좀 진정될 겁니다. 여: 그랬으면 좋겠네요. 이렇게 아픈지 벌써 한 달이 넘었어요. 효력이 강한 약이 필요한 것 같아요. 이 약은 혹시 부작용 같은 것은 없나요? 약 먹으면 졸린다든지 뭐 그런 것이 있을 수 있나요? 남: 아뇨, 큰 부작용 같은 것은 없습니다. 약 복용하는 동안 술만 안 드시면 됩니다. 이 약 먹을 때 술 마시면 안 좋아요. 여: 알겠습니다. 그렇게 하지요. 어차피 술은 잘 안 마시니까요. 여러 가지로 신경 써주셔서 감사합니다, 선생님.

1 How many total pills should the woman take per day?

(A) 9.

(B) 8.

(C) 7.

(D) 6.

나쁜 해설 [CD] 'Take two of these tablets three times a day, just after meals.' 에서 쉽게 알 수 있죠. 하루에 세 번 식후에 두 알씩 먹으라고 했으므로 총 6알을 먹어야 합니다.

정답 (D)   해석 여자는 하루에 총 몇 알을 복용해야 하는가? (A) 9알. (B) 8알. (C) 7알. (D) 6알.

2 Why is the woman taking the pills?

(A) For headaches.

(B) For stomachaches.

(C) To sleep better.

(D) To get more energy.

나쁜 해설 [CD] 'They'll help settle your stomach.' 에서 약을 먹는 이유를 알 수 있습니다. 'Stomach(위, 속)' 이라는 단어만 기억해도 짐작할 수 있죠.

정답 (B)   해석 여자는 왜 약을 복용하는가? (A) 두통 때문에. (B) 복통 때문에. (C) 잠을 잘 자기 위해서. (D) 원기를 회복하기 위해서.

3 What advice does the man give the woman?

(A) Don't take too many.

(B) Don't take them at night.

(C) Don't have drinks.

(D) Don't expect quick results.

나쁜 해설 [CD] 'Just stay away from alcohol while you're on these; they don't interact well with alcohol.' 에서 'alcohol' 을 반복해서 들려주고 있습니다. 정답 선택문항에서는 'drinks'로 바꿔 표현했습니다.

정답 (C)   해석 남자는 여자에게 뭐라고 조언하는가? (A) 너무 많이 복용하지 말아라. (B) 밤에 복용하지 말아라. (C) 술 마시지 말아라. (D) 효과가 빨리 나타날 거라고 기대하지 말아라.

48

Questions 4-6 refer to the following conversation.

W: How did my X-ray exam turn out? Is there anything serious? These sort of medical tests always make me nervous.

M: Everything's fine. You're basically okay, except of course your lungs. Your lungs are becoming very unhealthy because of your smoking.

W: I know it's bad for me, but every time I try to give up cigarettes I fail.

M: I've already told you a dozen times: you've got to quit smoking. Smoking doesn't just affect your lungs. Later on it could lead to illnesses like high blood pressure.

해석 여: 제 엑스레이 검사결과는 어떻게 나왔어요? 뭐 안 좋은 게 나왔나요? 이런 검사는 할 때마다 겁나요. 남: 다 좋아요. 물론 폐만 빼고는 기본 적으로 괜찮아요. 담배를 피시니까 폐가 굉장히 안 좋아지고 있어요. 여: 담배를 피면 건강에 안 좋은 건 알지만, 끊으려고 할 때마다 실패해요. 남: 제가 이미 누차 말씀드렸죠. 담배 끊으셔야 합니다. 흡연은 단지 폐에만 나쁜 영향을 주는 게 아니에요. 나중에는 고혈압 같은 다른 질병의 원인 이 되기도 합니다.

④ Who is the man?

(A) A smoker.

(B) A salesman.

(C) A scientist.

(D) A doctor.

나쁜 해설 첫 부분에 나온 'X-ray, medical tests' 등의 단어만 들으면 남자가 의사라는 것을 쉽게 알 수 있습니다.

정답 (D)　**해석** 남자는 누구인가? (A) 흡연자. (B) 판매원. (C) 과학자. (D) 의사.

⑤ Which kind of problem does the woman have?

(A) Infrequent health checkups.

(B) High blood pressure.

(C) Poor lungs.

(D) Dislike of X-ray exams.

나쁜 해설 'You're basically okay, except of course your lungs. Your lungs are becoming very unhealthy because of your smoking.' 에서 폐가 좋지 않다고 말하고 있습니다.

정답 (C)　**해석** 여자에게는 어떤 문제가 있는가? (A) 건강검진을 자주 받지 않는 것. (B) 고혈압. (C) 폐의 상태가 좋지 않은 것. (D) 엑스레 이 검사를 싫어하는 것.

⑥ What advice does the woman receive?

(A) Have checkups more regularly.

(B) Speak freely about her health problems.

(C) Quit a bad habit.

(D) Exercise more.

나쁜 해설 '~ you've got to quit smoking.' 에서 'smoking' 을 정답 선택문항에서 'bad habit' 으로 바꿔 표현하고 있습 니다.

정답 (C)　**해석** 여자가 받은 조언은 무엇인가? (A) 정기적으로 검진 받아라. (B) 자기 건강문제에 대해 터놓고 이야기하라. (C) 나쁜 습관을 끊어라. (D) 운동을 더 하라.

Questions 7-9 refer to the following conversation.

W: I want to see that new movie tonight, *Tears of Love*, starring Tom Holloway and Doris Melbourne. Do you want to come?

M: I'd rather see *Zero Spy*. It's full of fighting and adventure! It sure looks more exciting than some sad romance. It also stars Jack Hunter, who's one of my favorite stars.

W: I'm not really in the mood to see that kind of violent film. My movie has already started, though, so I guess we can see yours. It starts at 7:15.

M: We'd better hurry and leave now, then. I don't want to miss the beginning.

해석 여: 오늘 밤에 Tom Holloway와 Doris Melbourne이 주연으로 나오는 "사랑의 눈물(Tears of Love)"이라고 새로 나온 영화 보고 싶어. 너도 갈래? 남: 난 그것보다 "제로 스파이(Zero Spy)" 보고 싶어. 액션과 모험이 넘치는 영화야! 눈물 질질 짜는 애정영화보다 훨씬 재미있을 것 같아. 그 영화에도 Jack Hunter라고 내가 제일 좋아하는 배우가 나와. 여: 나 정말 그런 폭력적인 영화는 보고 싶지 않아. 그렇지만 내가 보고 싶은 영화는 이미 시작했으니까 네가 보는 영화 봐야겠다. 7시 15분에 시작하네. 남: 그럼 빨리 서둘러서 나가자. 영화 첫 부분을 놓치면 안 되지.

7 What kind of movie does the man want to see?

(A) Comedy.

(B) Romance.

(C) Horror.

(D) Action.

나쁜 해설 🆒 'It's full of fighting and adventure!' 에 정답의 단서가 나와 있습니다. 이렇듯 질문에 나타난 화자의 말에 집중하면 정답을 쉽게 알 수 있고, 또 여자가 말한 '~ that kind of violent film.' 에서도 확인할 수 있습니다.

정답 (D)   해석 남자는 어떤 영화를 보고 싶어하는가? (A) 코미디. (B) 로맨스. (C) 공포. (D) 액션.

8 How does the woman feel about seeing the man's movie?

(A) Reluctant.

(B) Excited.

(C) Happy.

(D) Sad.

나쁜 해설 🆒 'I'm not really in the mood to see that kind of violent film.' 에서 내키지 않는다고 밝히고 있습니다.

정답 (A)   해석 남자가 말한 영화 보는 것을 여자는 어떻게 생각하는가? (A) 내키지 않아 한다. (B) 들떠 있다. (C) 행복하다. (D) 슬프다.

9 What does the man finally urge the woman to do?

(A) See *Tears of Love.*

(B) Prepare to depart.

(C) Buy tickets online.

(D) Check show times.

나쁜 해설 🆒 문제를 미리 파악하고 남자의 마지막 대사 'We'd better hurry and leave now, then. ~' 만 들으면 출발준비를 하라는 것을 쉽게 알 수 있습니다.

정답 (B)   해석 마지막에 남자가 여자에게 어떻게 하라고 재촉하는가? (A) "사랑의 눈물"을 봐라. (B) 출발준비를 해라. (C) 온라인으로 표를 사라. (D) 상영시간을 확인하라.

Questions 10-12 refer to the following conversation.

W1: I'm expecting an express package from Japan today. My name's Erica Mellon. M-E-L-L-O-N.

W2: Okay, let me check···. No, I'm afraid we don't have anything under that name. Did you get a note saying you had a package?

W1: No, I didn't actually, but I was just hoping it had arrived today. I've been waiting almost a week.

W2: No, not yet, I'm afraid. International express packages usually take 6-10 days. When packages arrive, though, we always tell the recipient by posting a note on their door.

해석 여1: 오늘 일본에서 소포가 특송으로 오기로 했거든요. 제 이름은 Erica Mellon이고요, 스펠은 M-E-L-L-O-N입니다. 여2: 네, 확인해보겠습니다. 아뇨, 그 이름으로 온 소포는 없는 것 같은데요. 소포가 왔다는 통지를 받으셨어요? 여1: 아니오, 받지는 않았는데요. 오늘 도착했을 거라고 생각했거든요. 거의 일주일이나 기다렸어요. 여2: 아직 안 왔습니다. 국제특송은 대개 6일에서 10일 정도 걸리거든요. 하지만 소포가 도착하면 항상 수신인 집 문에다 통지문을 붙여서 알려드립니다.

🔟 Why did the first woman come to the post office?

(A) To send a package to Japan.

(B) To ask about international postage.

(C) She expected to receive something from abroad.

(D) She wants to open a private mailbox.

나쁜 해설 😊 여자의 첫 대사인 'I'm expecting an express package from Japan today.'에서 외국에서 오는 어떤 것을 찾으러 왔음을 바로 알 수 있습니다.

정답 (C)   **해석** 첫 번째 여자는 왜 우체국에 오는가? (A) 일본으로 소포를 부치려고. (B) 국제우편요금에 대해 물어보려고. (C) 해외에서 오는 어떤 것을 받을 거라 생각해서. (D) 개인 우편함을 열어보고 싶어서.

⓫ Why is the first woman worried?

(A) The package hasn't arrived yet.

(B) She has an important document to send.

(C) She has lost a letter.

(D) She is unsure of the correct postage.

나쁜 해설 😊 'I've been waiting almost a week.'에서 그동안 오래 기다렸는데 아직 오지 않고 있다는 말을 하고 있습니다.

정답 (A)   **해석** 첫 번째 여자는 왜 걱정하는가? (A) 소포가 도착하지 않아서. (B) 보내야 할 중요한 서류가 있어서. (C) 편지를 잃어버려서. (D) 정확한 우편요금을 잘 몰라서.

⓬ How does the second woman finally advise the first?

(A) Her package has come.

(B) She will be notified.

(C) Express packages are always late.

(D) She can post her letter to Japan now.

나쁜 해설 😊 'When packages arrive, though, we always tell the recipient by posting a note on their door.'에서 통지가 갈 것이란 것을 알 수 있습니다.

정답 (B)   **해석** 마지막에 두 번째 여자가 첫 번째 여자에게 뭐라고 말하는가? (A) 소포가 도착했다. (B) 통지가 갈 것이다. (C) 특송은 항상 늦는다. (D) 지금 일본으로 편지를 보낼 수 있다.

Questions 13-15 refer to the following conversation.

M: My rent is going up again. It's just too expensive to live here in San Francisco! I'm paying over $4,000 per month for a small studio apartment! It's just too much!

W: I know; I'm thinking of moving out to the country. Rent's cheaper there. I could get a studio apartment in the countryside for only about $800 per month.

M: But then you'd have to drive a long way into work every day, and struggle in traffic jams.

W: I know, but I'm willing to endure it. I just can't pay San Francisco rent anymore! Besides, I think I can just take the bus into town.

해석 남: 집세가 이번에 또 올라. 너무 비싸서 여기 샌프란시스코에서 못살겠어. 조그만 원룸 아파트에 사는데 월세가 4,000달러가 넘어. 도저히 감당이 안 돼. 여: 맞아. 난 교외로 이사 갈까 생각 중이야. 거기는 세가 더 싸니까. 교외로 빠지면 한 달에 한 800불 정도면 원룸 아파트를 얻을 수 있어. 남: 하지만 그러면 매일 먼 길 운전해서 출근해야 될 텐데. 게다가 교통체증에도 시달릴 테고. 여: 알아. 하지만 그 정도 감수할 각오는 돼 있어. 더 이상 샌프란시스코 집세 감당을 못 하겠어! 뿐만 아니라 버스로 출퇴근할까 생각 중이야.

13 Why does the woman want to leave San Francisco?

(A) Because of its crime.

(B) Because of a new job.

(C) Because of high housing costs.

(D) Because of family troubles.

나쁜 해설 여자의 첫 대사인 'I'm thinking of moving out to the country. Rent's cheaper there. ~'에서 샌프란시스코를 떠나려고 하는 이유를 쉽게 알 수 있습니다.

정답 (C) **해석** 여자는 왜 샌프란시스코를 떠나고 싶어하는가? (A) 범죄 때문에. (B) 새 직장 때문에. (C) 비싼 집세 때문에. (D) 가정문제 때문에.

14 Which problem may arise if she moves?

(A) High rent.

(B) Lack of services.

(C) Increased work.

(D) Longer commutes.

나쁜 해설 남자의 대사인 'But then you'd have to drive a long way into work every day ~'에서 알 수 있습니다.

정답 (D) **해석** 여자가 이사 가면 어떤 문제점이 발생할 것인가? (A) 비싼 집세. (B) 서비스 시설 부족. (C) 업무량 증가. (D) 더 멀어지는 출퇴근거리.

15 How does the woman finally sound?

(A) Resigned.

(B) Happy.

(C) Determined.

(D) Confused.

나쁜 해설 'I know, but I'm willing to endure it. I just can't pay San Francisco rent anymore!'에서 화자의 의지가 단호함을 알 수 있습니다.

정답 (C) **해석** 여자의 마지막 말에서 어떤 심정이 느껴지는가? (A) 체념하고 있다. (B) 행복해한다. (C) 마음을 굳혔다. (D) 혼란스러워한다.

Questions 16-18 refer to the following conversation.

M: I'm going to open an account at First Mutual Bank. I heard they're paying over 4% on deposits. That's the best in Phoenix!

W: Yes, their rates are good, but their customer service is terrible. If I were you, I'd think twice before doing business with them.

M: So you've had a few problems, then?

W: Yes, for example the other day I had to stand in line for almost an hour to see a bank teller.

해석 남: First Mutual Bank에 계좌를 개설하려고 그래요. 예금금리가 4%가 넘는다고 들었거든요. 그 정도면 피닉스에서는 가장 높은 금리예요! 여: 맞아요. 그런데 금리는 높지만 고객 서비스는 엉망이에요. 나라면 거기하고 거래하기 전에 한번 더 생각해볼 거예요. 남: 그러니까 그 은행하고 문제가 있었군요? 여: 네. 예를 들자면 저번에 은행창구직원 좀 만나는 데 거의 한 시간이나 줄을 서서 기다려야 했거든요.

16 Why does the man like First Mutual bank?

(A) It is close to Phoenix.

(B) It has competitive rates.

(C) Its bank tellers are attractive.

(D) He has had an account there for a long time.

나쁜 해설 😊 'I heard they're paying over 4% on deposits. That's the best in Phoenix!' 에서 그 이유를 알 수 있습니다. 선택문항에서는 'over 4% on deposits'이 'competitive rates' 로 바뀌 표현됐습니다.

정답 (B) **해석** 남자는 왜 First Mutual Bank를 맘에 들어하는가? (A) 피닉스 가까이에 있어서. (B) 금리조건이 다른 은행에 비해 좋아서. (C) 은행직원들이 매력적이어서. (D) 오랫동안 그 은행에 계좌를 가지고 있어서.

17 What does the woman suggest to the man?

(A) First Mutual Bank has few customers.

(B) He should reconsider his decision.

(C) The 4% rates are only temporary.

(D) The bank's shareholders are greedy.

나쁜 해설 😊 '~ but their customer service is terrible. If I were you, I'd think twice before doing business with them.' 에서 다시 한번 생각해볼 것을 권하고 있습니다.

정답 (B) **해석** 여자가 남자에게 말하고자 하는 것은 무엇인가? (A) First Mutual Bank는 고객이 적다. (B) 결정을 재고해야 한다. (C) 4% 금리는 일시적일 뿐이다. (D) 은행주주들이 욕심이 많다.

18 What did the woman do at First Mutual bank the other day?

(A) She waited long.

(B) She brought special papers.

(C) She argued with a bank teller.

(D) She closed her account.

나쁜 해설 😊 '~ the other day I had to stand in line for almost an hour to see a bank teller.' 에서 여자가 은행에서 겪은 일이 그대로 드러납니다.

정답 (A) **해석** 여자는 지난번에 First Mutual Bank에서 무슨 일을 겪었는가? (A) 오래 기다렸다. (B) 특별서류를 가져왔다. (C) 은행직원과 말다툼했다. (D) 계좌를 말소했다.

식당 (MP3) 53

Questions 19-21 refer to the following conversation.

M: I'd like to make a reservation for 6 p.m. tonight. Would that be possible? I have some business clients in town and I'd like to take them there.

W: As you know, this is the most popular restaurant in Boston. We usually take reservations a week in advance. I certainly wish you'd called earlier.

M: A week? Well, we were hoping to dine there tonight. It's very important for me. Couldn't you find even a small table for me?

W: I might be able to, if your party is under 4. Let me double check our reservation list.

해석 남: 오늘 저녁 6시로 예약을 하고 싶습니다. 가능할까요? 사업상 고객들이 오셨는데 거기로 모셔가고 싶군요. 여: 아시겠지만 저희는 보스턴에서 가장 인기 있는 식당입니다. 보통 일주일 전에 예약을 받습니다. 좀 미리 전화하시지 그러셨어요. 남: 일주일이요? 저희는 오늘 저녁에 식사하고 싶은데요. 굉장히 중요한 일인데 조그만 테이블이라도 어떻게 안 되겠습니까? 여: 일행이 네 분 이하면 가능할 것도 같습니다. 제가 예약명단을 다시 확인해보겠습니다.

19 Why is it difficult to make a reservation tonight?

(A) The restaurant is still being constructed.

(B) The restaurant is well known.

(C) The restaurant is far away.

(D) The restaurant is closing now.

나쁜 해설 '~ this is the most popular restaurant in Boston. ~' 에서 이유를 알 수 있습니다. 'Popular'를 정답 선택문항에서는 'well known' 으로 바꿔 표현하고 있는 점에 유의하세요.

정답 (B) **해석** 오늘 저녁에 왜 예약하기가 힘든가? (A) 식당이 아직 공사 중이라서. (B) 식당이 유명한 곳이라서. (C) 식당이 멀어서. (D) 식당이 지금 문을 닫는 중이라서.

20 How far in advance are reservations usually made?

(A) 1 hour.

(B) 1 day.

(C) 1 week.

(D) 1 month.

나쁜 해설 'We usually take reservations a week in advance.' 에서 정답을 말해주고 있습니다.

정답 (C) **해석** 예약은 보통 얼마 전에 미리 하는가? (A) 한 시간. (B) 하루. (C) 일주일. (D) 한 달.

21 How might the man be able to dine tonight?

(A) If his group is small.

(B) If he makes a new reservation.

(C) If he calls back later.

(D) If he has a credit card.

나쁜 해설 'I might be able to, if your party is under 4.' 에서 정답이 나오고 있는데, 선택문항에서는 'party'를 'group' 으로 바꿔 표현하고 있습니다.

정답 (A) **해석** 어떻게 하면 남자가 오늘 저녁에 식사를 할 수 있는가? (A) 일행이 적으면. (B) 예약을 새로 하면. (C) 나중에 다시 전화를 하면. (D) 신용카드가 있으면.

Questions 22-24 refer to the following conversation.

W: I'm sorry, but we sold out of the Crazy Bears CD a week ago. It's so popular that the customers bought all the available copies we had almost right away.

M: Oh, no! Will you be getting another shipment soon? Crazy Bears is my favorite rock band, and I've been waiting for that CD for a month.

W: We're supposed to get more copies, but it could be up to a week from now before they arrive. Would you like to preorder one?

M: Thanks a lot, but I'll just go to another store. I can't wait a week!

해석 여: 죄송합니다. Crazy Bears CD는 일주일 전에 다 팔렸습니다. 워낙 인기가 대단해서 저희들이 물건을 들여놓자마자 손님들이 바로 다 사가셨어요. 남: 오, 이런! 곧 물건이 추가로 더 들어올 건가요? Crazy Bears는 제가 제일 좋아하는 록밴드인데 이 CD 사려고 한 달이나 기다렸어요. 여: CD를 더 갖다놓을 예정이긴 한데요, 물건이 오려면 지금부터 해서 아마 일주일은 걸릴 겁니다. 미리 주문하시겠어요? 남: 아니오. 다른 가게에 가볼래요. 일주일이나 못 기다려요!

22. Why can't the man buy a Crazy Bears CD now?
(A) There are none available.
(B) He only has a credit card.
(C) The CD is too expensive.
(D) The clerk cannot locate them.

나쁜 해설 'I'm sorry, but we sold out of the Crazy Bears CD a week ago.'에 남자가 CD를 구할 수 없는 이유가 나와 있습니다.
정답 (A) **해석** 남자는 왜 지금 Crazy Bears CD를 살 수 없는가? (A) 가게에 CD가 없어서. (B) 신용카드만 가지고 있어서. (C) CD가 너무 비싸서. (D) 점원이 CD 있는 곳을 찾지 못해서.

23. How does the woman say the man can get a CD?
(A) Coming back in an hour.
(B) Leaving his contacting information.
(C) Talking to another clerk.
(D) Making a special order.

나쁜 해설 'Would you like to preorder one?'에서 미리 주문하면 구입할 수 있다는 것을 알려주고 있는데 정답 선택 문항에서는 'making a special order'로 바꿔 표현되고 있습니다.
정답 (D) **해석** 여자는 어떻게 하면 남자가 CD를 구할 수 있다고 하는가? (A) 1시간 후에 오면. (B) 연락처를 남겨놓으면. (C) 다른 직원에게 말하면. (D) 특별주문을 하면.

24. What does the man decide to do?
(A) Go elsewhere.
(B) Make a complaint.
(C) Speak to another clerk.
(D) Pay right now.

나쁜 해설 '~ but I'll just go to another store. I can't wait a week!'에서 다른 가게로 가겠다고 말하고 있습니다.
정답 (A) **해석** 남자는 어떻게 하기로 하는가? (A) 다른 곳으로 간다. (B) 불평을 한다. (C) 다른 직원에게 이야기한다. (D) 지금 돈을 지불한다.

Questions 25-27 refer to the following conversation.

W1: That's some dress you're wearing! I love it! It's so stylish and glamorous: you're sure to really impress everyone with it.

W2: Do you like it? It was actually quite expensive. I usually don't like to spend so much money on clothes, but this was so beautiful that I couldn't resist.

W1: I'll bet! Where was it made? France? The lines and colors remind me of French designs. It looks like an original by that French designer Yves Montand.

W2: Actually, it was made in Italy by Arturo Flabuccini; it's supposed to be the best thing out this spring for ladies. I'm wearing it to a ball tonight.

해석 여1: 입고 계신 드레스 참 근사하네요! 정말 보기 좋아요! 아주 세련되고 멋스러워요. 사람들이 모두 다 한번씩 쳐다보겠는데요. 여2: 괜찮아요? 사실 꽤 비싼 거예요. 제가 옷에는 별로 돈을 안 쓰는 편인데 이 옷은 너무 마음에 들어서 안 살 수가 없었어요. 여1: 정말 그랬을 것 같네요! 어디서 만든 옷이에요? 프랑스? 선이랑 색깔 보니까 프랑스 디자인 같은데요. 프랑스 디자이너 Yves Montand 오리지날 같은데요. 여2: 사실은 Arturo Flabuccini가 디자인한 이탈리아제예요. 올봄에 출시된 여성복 중에서는 최고라고 하더군요. 오늘밤 무도회장에 입고 가려고요.

25 How does the first woman feel about the dress?

(A) It's too wild.

(B) It's very nice.

(C) It's old fashioned.

(D) It shows too much skin.

나쁜 해설 🔊 첫 대사인 'That's some dress you're wearing! I love it! It's so stylish and glamorous: you're sure to really impress everyone with it.' 에서 여러 번에 걸쳐 멋있다고 밝히고 있습니다.

정답 (B) **해석** 첫 번째 여자는 드레스에 대해 어떻게 생각하는가? (A) 너무 단정치 못하다. (B) 아주 멋있다. (C) 유행이 지났다. (D) 노출이 심하다.

26 Where was the dress made?

(A) In New York.

(B) In France.

(C) In Italy.

(D) In Spain.

나쁜 해설 🔊 'Actually, it was made in Italy ~' 가 나올 때 바로 체크하는 것, 잊지 마세요.

정답 (C) **해석** 드레스는 어디서 만들어진 것인가? (A) 뉴욕. (B) 프랑스. (C) 이탈리아. (D) 스페인.

27 Where will the second woman wear the dress?

(A) To an opera house.

(B) To a movie theater.

(C) To a garden.

(D) To a dance.

나쁜 해설 🔊 마지막 대사인 'I'm wearing it to a ball tonight.' 에서 정답을 알려주고 있습니다. 'ball' 을 정답 선택문항에서 'dance' 로 바꿔 표현하고 있음에 유의해야 하는데요. 'ball' 이 '무도회' 라는 의미가 있다는 것을 알아야 풀 수 있는 문제입니다.

정답 (D) **해석** 두 번째 여자는 드레스를 입고 어디에 갈 것인가? (A) 오페라 극장에. (B) 영화관에. (C) 정원에. (D) 무도회에.

Questions 28-30 refer to the following conversation.

M1: I think my car radiator is broken, because steam keeps coming out of the engine. Could you please check it out ?

M2: I'm all tied up today and tomorrow. I could take care of it for you on Friday, though. I could have it finished for you by Friday afternoon.

M1: Friday? I have to drive to New York Friday morning to meet a client.

M2: Well, I'm afraid I have a lot of other customers' cars that I have to work on. I tell you what; come in late Thursday, and I'll have it ready for you by then.

해석 남1: 엔진에서 스팀이 계속 나오는 게 아무래도 제 차 라디에이터가 고장 난 것 같아요. 좀 봐주실래요? 남2: 오늘하고 내일은 제가 너무 바쁜데요. 하지만 금요일에는 봐드릴 수 있습니다. 금요일 오후까지는 다 고쳐드릴 수 있어요. 남1: 금요일이요? 금요일 아침에는 고객 만나러 뉴욕으로 차를 몰고 가야 하는데. 남2: 글쎄요, 손봐야 될 다른 손님들 차가 워낙 많아서 힘든데요. 그러면 이렇게 합시다. 목요일 늦게 오세요. 그럼 그때까지 봐드리겠습니다.

28 Where are the men?

(A) In a garage.

(B) In a car rental agency.

(C) In a mall.

(D) In a bakery.

나쁜 해설 🐶 첫 대사에서 나온 'car radiator' 나 'engine' 이라는 단어만 들어도 자동차 정비업소임을 알 수 있습니다.

정답 (A) **해석** 이들은 어디에 있는가? (A) 자동차 정비소, (B) 자동차 렌트업체, (C) 쇼핑센터, (D) 빵집.

29 Why does the first man need his car soon?

(A) He's going to a party.

(B) He's going to meet family.

(C) He's taking a business trip.

(D) He's taking a vacation.

나쁜 해설 🐶 'I have to drive to New York Friday morning to meet a client.' 에서 출장을 간다는 사실을 쉽게 알 수 있습니다.

정답 (C) **해석** 첫 번째 남자는 왜 빨리 차를 필요로 하는가? (A) 파티에 가기 때문에, (B) 가족을 만나러 가기 때문에, (C) 출장을 가기 때문에, (D) 휴가를 가기 때문에.

30 When does the second man say the car can be ready?

(A) On Wednesday.

(B) On Thursday.

(C) On Friday.

(D) On Saturday.

나쁜 해설 🐶 마지막 대사인 'I tell you what; come in late Thursday, and I'll have it ready for you by then.'에서 정확하게 말해주고 있습니다.

정답 (B) **해석** 두 번째 남자는 언제 차를 준비해줄 수 있다고 하는가? (A) 수요일에, (B) 목요일에, (C) 금요일에, (D) 토요일에.

Questions 31-33 refer to the following conversation.

M: Do you have any suites available for next March 3-9? I'm looking for something very nice.

W: Yes, the Presidential Suite and the Supreme Suite are both available for that time period. They're both on the top floor, with many luxuries and excellent views of the city.

M: What's the difference between the two?

W: The Supreme Suite is twice as large as and much more expensive than the Presidential Suite. The Supreme Suite is also modeled in the classical European style, but the Presidential Suite is in the Colonial American style.

해석 남: 내년 3월 3일에서 9일까지 묵을 수 있는 스위트룸이 있습니까? 아주 근사한 방이면 좋겠는데요. 여: 네, 그 기간에는 프레지덴셜 스위트룸과 수프림 스위트룸을 쓰실 수 있습니다. 두 곳 모두 맨 위층에 있는데 아주 호화롭고 도시 전체가 내려다보이는 전망이 아주 좋습니다. 남: 두 곳의 차이점이 뭐죠? 여: 수프림 스위트룸이 프레지덴셜 스위트룸보다 두 배 더 크고 숙박료도 훨씬 더 비쌉니다. 수프림 스위트룸은 고전적인 유럽 스타일로 꾸며져 있고 프레지덴셜 스위트룸은 식민지시대의 미국 스타일로 꾸며져 있습니다.

31 Where is this conversation taking place?

(A) In a post office.
(B) In a hotel.
(C) In a clothing store.
(D) In a restaurant.

나쁜 해설 여러 번 반복되는 'suite' 라는 말에서 호텔에서 벌어지는 대화라는 것을 알 수 있습니다.

정답 (B) 해석 대화가 벌어지고 있는 장소는 어디인가? (A) 우체국. (B) 호텔. (C) 옷가게. (D) 식당.

32 How long does the man need it?

(A) For one day.
(B) For two days.
(C) For a week.
(D) For a month.

나쁜 해설 남자의 첫 대사인 'Do you have any suites available for next March 3-9?' 에서 일주일임을 알아낼 수 있습니다.

정답 (C) 해석 남자가 필요로 하는 기간은 얼마인가? (A) 하루. (B) 이틀. (C) 일주일. (D) 한 달.

33 What does the woman offer the man?

(A) A choice between rooms.
(B) Special foods.
(C) A large suit.
(D) Use of her phone.

나쁜 해설 여자가 프레지덴셜 스위트룸과 수프림 스위트룸 두 개 중에서 선택할 수 있다고 여러 번 밝히고 있습니다.

정답 (A) 해석 여자는 남자에게 무엇을 제시하는가? (A) 두 방 중에서 선택. (B) 특식. (C) 큰 옷. (D) 자신의 전화를 사용하는 것.

Questions 34-36 refer to the following conversation.

M: Beth, you drive to work, don't you? I noticed you pulling into the parking lot today.

W: Yes, I can give you a ride sometimes, if you like. I know you live in Fairville City, just as I do. It'd save you the trouble of taking a bus.

M: No thanks. Actually, I don't take the bus. I bike to work every day. I've found it's great exercise, and it's less stressful than driving.

W: Wow, bike? Maybe I should try that someday myself. I could really use the exercise.

해석 남: Beth, 자동차로 출근하시죠? 오늘 주차장에 차 대는 것을 봤어요. 여: 네, 원하시면 가끔 태워드릴 게요. 저처럼 Fairville City에 사시잖아요. 그럼 버스 타느라 번거롭지 않을 거예요. 남: 괜찮습니다. 사실 저 버스 타고 다니지 않습니다. 매일 자전거로 출근해요. 굉장히 운동이 되더군요. 그리고 차를 몰고 다니는 것보다 스트레스도 덜 받고요. 여: 와, 자전거요? 저도 언젠가 한번 해봐야겠네요. 사실 저도 정말 운동 좀 해야 하거든요.

34 How does the woman get to work?

(A) By car.

(B) By bus.

(C) By bike.

(D) By subway.

나쁜 해설 남자가 자동차로 출근하냐고 질문하자 'Yes, I can give you a ride sometimes, if you like.' 라고 말하고 있습니다.

정답 (A)   **해석** 여자는 어떻게 출근하는가? (A) 자동차로 (B) 버스로 (C) 자전거로 (D) 지하철로

35 Why does the man decline the woman's offer?

(A) He likes to work out.

(B) He likes to drive.

(C) He works somewhere else.

(D) He has an important meeting.

나쁜 해설 차를 태워줄 수 있다는 여자의 제안에 'No thanks. Actually, I don't take the bus. I bike to work every day. I've found it's great exercise, ~' 라고 말하고 있는데요, 여기서 'exercise' 는 정답 선택문항에서 동사 'work out(운동하다)' 로 바꿔 표현되고 있습니다.

정답 (A)   **해석** 남자는 왜 여자의 제안을 거절하는가? (A) 운동하고 싶어서 (B) 운전하는 것을 좋아해서 (C) 다른 곳에서 일하므로 (D) 중요한 회의가 있어서

36 What does the woman finally suggest?

(A) She may change her job.

(B) She may also bike.

(C) She may call him later.

(D) She may stop exercising.

나쁜 해설 'Maybe I should try that someday myself. I could really use the exercise.' 에서 자전거를 한번 타보려고 한다는 것을 알 수 있습니다.

정답 (B)   **해석** 여자가 마지막에 하는 말은 무엇을 나타내는가? (A) 직업을 바꿀지도 모른다. (B) 자전거를 탈지도 모른다. (C) 나중에 남자에게 전화할지도 모른다. (D) 운동을 그만둘지도 모른다.

Questions 37-39 refer to the following conversation.

W: Is this train bound for Copenhagen? I'm in a big hurry to get there, but I can't figure out which of these trains goes where.

M: This train is bound for Munich. To get to the Copenhagen train, you'll have to go over to Platform 11. You're at Platform 3 now.

W: Okay, but do I still have time to catch that train? Platform 11 is all the way on the other side of the station.

M: Sure, the train to Copenhagen won't leave for another 45 minutes or so. You'll have to walk a bit to get there, but it shouldn't take you more than 15 minutes.

해석 여: 이 기차 코펜하겐으로 가나요? 정말 급히 가야 하는데 어느 기차가 어디를 가는지 도대체 알 수가 없네요. 남: 이 기차는 뮌헨으로 가는 건데요. 코펜하겐으로 가는 기차 타시려면 11번 승강장으로 가셔야 합니다. 지금 계신 곳은 3번 승강장입니다. 여: 알겠습니다. 그런데 지금 가도 기차를 탈 수 있을까요? 11번 승강장은 완전히 반대편이던데. 남: 그럼요. 출발하려면 45분 정도 남았으니까요. 조금 걸어가시긴 해야 하지만 15분이면 충분할 거예요.

37 Where is the woman going?

(A) To Berlin.

(B) To Frankfurt.

(C) To Munich.

(D) To Copenhagen.

나쁜 해설 😈 여자의 첫 대사인 'Is this train bound for Copenhagen?'에서 바로 알 수 있습니다. 첫 대사를 잘 듣는 게 얼마나 중요한지 아시겠죠?

정답 (D) **해석** 여자는 어디에 가려고 하는가? (A) 베를린. (B) 프랑크푸르트. (C) 뮌헨. (D) 코펜하겐.

38 What does the woman have to do?

(A) Buy different tickets.

(B) Reach a different platform.

(C) Wait a few hours.

(D) Speak with a different clerk.

나쁜 해설 😈 'To get to the Copenhagen train, you'll have to go over to Platform 11.'에서 다른 승강장으로 가라고 말해주고 있습니다.

정답 (B) **해석** 여자는 무엇을 해야 하는가? (A) 다른 표를 사야 한다. (B) 다른 승강장에 가야 한다. (C) 몇 시간을 기다려야 한다. (D) 다른 직원과 이야기를 해야 한다.

39 How does the man finally advise the woman?

(A) She has enough time.

(B) She's got to change tickets.

(C) She must speak with the conductor.

(D) She needs to show her passport.

나쁜 해설 😈 기차를 바꿔 탈 시간이 충분한지 걱정하는 여자에게 'Sure, the train to Copenhagen won't leave for another 45 minutes or so.'라고 말해 충분히 시간이 있음을 알려주고 있습니다.

정답 (A) **해석** 마지막에 남자는 여자에게 뭐라고 조언을 하는가? (A) 아직 시간이 충분히 있다. (B) 다른 표로 바꿔야 한다. (C) 차장과 이야기를 해야 한다. (D) 여권을 보여줘야 한다.

60

Questions 40-42 refer to the following conversation.

M: There aren't any seats on this flight? But I booked a ticket: see, here's my ticket right here.

W: Sorry sir, it was overbooked and you are one of the last to check in. I'm afraid your seat was given to someone else who came earlier. I'm terribly sorry.

M: What can you do? When does the next flight go out? I've got to get to Jakarta as soon as possible.

W: The next flight leaves in three hours. I can put you on that one with a complimentary upgrade to First Class. Again, I'm terribly sorry about the inconvenience.

해석 남: 이번 비행기에 자리가 없다고요? 하지만 전 예약을 했는데요. 보세요, 여기 비행기표 있잖아요. 여: 죄송합니다. 저희들이 정원을 초과해서 예약을 받았는데, 손님께서는 마지막에 탑승수속을 하신 분들 중 한 분입니다. 손님 좌석은 먼저 오신 다른 손님께 배정됐습니다. 정말 죄송합니다. 남: 그럼 어떻게 할 건가요? 다음 비행기는 언제 출발하지요? 최대한 빨리 자카르타에 가야 한다고요. 여: 다음 비행기는 세 시간 후에 출발합니다. 다음 비행기 일등석으로 무상으로 업그레이드 해드리겠습니다. 불편하게 해드려서 거듭 죄송합니다.

40 What is the man trying to do?

(A) Catch a bus.
(B) Get a restaurant table.
(C) Board an airplane.
(D) Go to a movie.

나쁜 해설 😊 반복해서 들리는 'flight'만 잘 들어도 남자가 비행기를 타려고 한다는 것을 알 수 있습니다.

정답 (C) 해석 남자는 무엇을 하려고 하는가? (A) 버스를 타려고 한다. (B) 식당 테이블을 구하려고 한다. (C) 비행기를 타려고 한다. (D) 영화를 보러 가려고 한다.

41 What is the problem they're having?

(A) A plane crashed.
(B) Bad weather.
(C) He lost his ticket.
(D) A plane was overbooked.

나쁜 해설 😊 'Sorry sir, it was overbooked ~'에서 쉽게 정답을 알 수 있습니다.

정답 (D) 해석 이들에게는 지금 무슨 문제가 있는가? (A) 비행기가 파손되었다. (B) 기상상태가 좋지 않다. (C) 남자가 표를 잃어버렸다 (D) 비행기에 정원 이상으로 예약을 받았다.

42 When can the man leave?

(A) Right now.
(B) In 15 minutes.
(C) In a few hours.
(D) Tomorrow.

나쁜 해설 😊 'The next flight leaves in three hours.'에서 정답표현이 나오는데 선택문항에서는 'in three hours'가 'in a few hours'로 바꿔 표현되고 있습니다.

정답 (C) 해석 남자는 언제 떠날 수 있는가? (A) 지금 당장. (B) 15분 후에. (C) 몇 시간 후에. (D) 내일.

Questions 43-45 refer to the following conversation.

M: Excuse me, can you tell me how to get to Interstate 95? I'm in a tremendous hurry.

W: I'm afraid you're far from that highway; it's at least 50 miles east of here. You'll have to turn around and go back the other way.

M: Oh, my! I must have made a wrong turn. I have to see a client tomorrow, and I don't want to be late.

W: Well, you may as well sit down and have a cup of coffee before you get back on the road. It's late and you look tired. If it's tomorrow, you've still got plenty of time to get there.

해석 남: 실례합니다. 95번 주(州) 간 고속도로로 가려면 어떻게 가야 하나요? 제가 지금 굉장히 급하거든요. 여: 여기서 그 고속도로는 상당히 먼데요, 여기서 동쪽으로 적어도 50마일은 가셔야 해요. 차를 돌려서 반대편으로 돌아가야 합니다. 남: 이런, 제가 엉뚱한 곳으로 왔군요. 내일 고객을 만나야 해서 늦으면 안 되는데요. 여: 음, 출발하시기 전에 잠깐 앉아서 커피 한잔 하시는 게 좋겠어요. 시간도 많이 늦었고 피곤해 보이세요. 내일까지 가셔야 한다면 아직 시간이 충분하거든요.

43 How can the man find the proper highway?

(A) By going the other way.

(B) By continuing in the current direction.

(C) By making a left at the next exit.

(D) By looking on the woman's map.

나쁜 해설 🐶 여자가 'You'll have to turn around and go back the other way.' 라고 말해주고 있으며 정답 선택문항에서도 비슷하게 나오고 있습니다.

정답 (A) **해석** 어떻게 하면 남자가 제대로 고속도로를 찾아갈 수 있는가? (A) 반대방향으로 가면, (B) 현재 가던 방향대로 계속 가면, (C) 다음 출구에서 좌회전하면, (D) 여자의 지도를 보면.

44 Why is the man anxious?

(A) He wants to get home.

(B) His car is not running well.

(C) He has an appointment.

(D) He is getting married tomorrow.

나쁜 해설 🐶 'I have to see a client tomorrow, and I don't want to be late.' 에서 남자에게 약속이 있다는 것을 알 수 있습니다.

정답 (C) **해석** 남자는 왜 걱정하는가? (A) 집에 가고 싶어서, (B) 차가 잘 달리지 못해서, (C) 약속이 있어서, (D) 내일 결혼하기 때문에.

45 What does the woman finally suggest the man do?

(A) Use other transportation.

(B) Get a map.

(C) Rest for a bit.

(D) Speak with someone.

나쁜 해설 🐶 여자가 두 번째 대사에서 한 말 'Well, you may as well sit down and have a cup of coffee before you get back on the road. It's late and you look tired.' 에서 쉽게 알 수 있는데 정답 선택문항에서는 'rest for a bit' 으로 바뀌 표현되었습니다.

정답 (C) **해석** 마지막에 여자가 남자에게 무엇을 하라고 권하는가? (A) 다른 교통편을 이용하라, (B) 지도를 사라, (C) 잠깐 휴식을 취해라, (D) 다른 사람과 이야기하라.

Questions 46-48 refer to the following conversation.

M: I think we've driven enough for one day. We've got to rest, but I don't see any major hotels on this map.

W: I don't think there are any. We're too far out in the countryside for big hotels.

M: What do you want to do, then? I'm just too tired to drive anymore, and I think you are, too.

W: Let's just stop at one of these country inns. I think they're good enough for just one night; they're cheaper, too.

해석 남: 이만하면 오늘 하루 운전할 것은 다한 것 같아. 이제 쉬어야겠는데 이 지도에는 주요 호텔들이 나와 있지 않네. 여: 여기에는 큰 호텔들이 없을 것 같아. 우리가 시골로 너무 깊숙이 들어와 버렸어. 남: 그럼 어떻게 하면 좋겠니? 나 너무 피곤해서 더 이상 운전 못하겠어. 너도 그럴 거고. 여: 오늘은 그냥 여기 시골 여관 한 군데에서 묵자. 그냥 하룻밤은 잘만 할 거야. 숙박료도 싸고.

46 Which kind of challenge do the speakers face?

(A) Finding lodgings.

(B) Touring the city.

(C) Having more excitement.

(D) Taking more photos.

나쁜 해설 46 'We've got to rest, but I don't see any major hotels on this map.'에서 호텔을 찾고 있음을 알 수 있습니다. 'hotel'을 정답 선택문항에서는 'lodging'으로 바꿔 표현하고 있다는 점, 유의하세요.

정답 (A) **해석** 화자들은 어떤 문제에 직면하고 있는가? (A) 숙박장소를 찾는 문제. (B) 도시를 여행하는 문제. (C) 더 즐거운 시간을 보내는 문제. (D) 사진을 더 많이 찍는 문제.

47 Why do the speakers have this problem?

(A) They have never stayed at a hotel before.

(B) They must contact a superior.

(C) They cannot read a map.

(D) They are in the countryside.

나쁜 해설 47 'We're too far out in the countryside for big hotels.'에서 이유를 분명히 알 수 있습니다.

정답 (D) **해석** 화자들은 왜 이런 문제를 겪는가? (A) 지금까지 호텔에서 묵은 적이 없어서. (B) 상사에게 연락해야 해서. (C) 지도를 볼 줄 몰라서. (D) 시골에 있어서.

48 How does the woman propose to solve this problem?

(A) Going to a city.

(B) Staying somewhere simpler

(C) Spending much more money

(D) Demanding better quality

나쁜 해설 48 여자가 말한 'Let's just stop at one of these country inns. I think they're good enough for just one night; they're cheaper, too.'를 들으면 쉽게 알 수 있는 문제입니다.

정답 (B) **해석** 여자는 문제해결을 위해 어떻게 하자고 제안하는가? (A) 도시로 가자. (B) 고급스럽지 않은 곳에서 숙박하자. (C) 돈을 좀 더 쓰자. (D) 더 나은 품질을 요구하자.

63

Questions 49-51 refer to the following conversation.

M: Sorry I'm late everyone. I got lost on the way here. This city is a maze of streets; I must have taken a wrong turn 3 or 4 times before I got here.

W: I understand. You've only been in Munich a few weeks. It takes time to get to know your way around this city.

M: I think I'd better get a map or something. Otherwise, I'm sure to get lost again.

W: Don't worry; at first, I had the same problem. After a few months, you'll get around this city as if you were a native!

해석 남: 늦어서 죄송합니다, 여러분. 여기 오다가 길을 잃었어요. 여기 도시거리는 미로처럼 복잡하네요. 여기 오는데 한 서너 번은 길을 잘못 들었던 것 같아요. 여: 이해합니다. 뮌헨에 오신 지 몇 주 안 되었으니까요. 이 도시에 익숙해지려면 시간이 걸린답니다. 남: 지도 같은 걸 하나 사야겠어요. 안 그러면 분명히 또 길을 잃을 것 같아요. 여: 걱정 마세요. 저도 처음에는 그랬어요. 몇 달만 지나면 이곳 사람들처럼 도시를 활보하실 수 있을 거예요.

49 Why did the man get lost?

(A) The city is too big.

(B) The city streets are complex.

(C) He insisted on driving.

(D) He didn't pay attention to the road.

나쁜 해설 ⓒⓒ 'This city is a maze of streets; I must have taken a wrong turn 3 or 4 times before I got here.'가 결정적인 단서이며, 그 이외에 'I think I'd better get a map or something.' 등에서도 이유를 알 수 있습니다.

정답 (B) 해석 남자는 왜 길을 잃었는가? (A) 도시가 워낙 커서. (B) 거리가 복잡해서. (C) 직접 운전해서 오려고 해서. (D) 길을 눈여겨보지 않아서.

50 Why does the woman understand him?

(A) She is his good friend.

(B) He is a dependable worker.

(C) He is new to the city.

(D) He will leave in a few months.

나쁜 해설 ⓒⓒ 'I understand. You've only been in Munich a few weeks. ~' 에서 답을 알 수 있는데, 정답 선택문항에서는 'He is new to the city.' 로 표현되어 나왔습니다.

정답 (C) 해석 여자는 왜 남자를 이해하는가? (A) 여자가 남자의 친한 친구이기 때문에. (B) 남자가 듬직한 직원이기 때문에. (C) 남자에게는 이 도시가 생소하기 때문에. (D) 남자가 몇 달 뒤에 이곳을 떠나기 때문에.

51 How does the woman advise him?

(A) He'll understand the city better later.

(B) He needs to study the city streets harder.

(C) He'll receive a better position later.

(D) He needs to listen to her more carefully.

나쁜 해설 ⓒⓒ 'It takes time to get to know your way around this city.' 와 'After a few months, you'll get around this city as if you were a native!' 등에서 남자가 곧 도시에 정통하게 될 것이라는 것을 알 수 있습니다.

정답 (A) 해석 여자는 남자에게 뭐라고 조언하는가? (A) 시간이 지나면 이 도시에 정통하게 될 것이다. (B) 이 도시거리를 더 잘 살펴야 한다. (C) 나중에 더 좋은 직위를 얻게 될 것이다. (D) 여자가 하는 말을 더 귀기울여 들어야 한다.

Questions 52-54 refer to the following conversation.

M: Excuse me, do you know where Best Color Inc. is? This is my first time in this building, and I don't see a listing of offices anywhere.

W: It's on the 32nd floor, in a big red office next to Wireless Tech Inc. Do you know how to get there?

M: There are so many elevators here. Can't I take this one?

W: No, this one only goes to the 17th floor. Go to that row of elevators there; it goes up to the 32nd floor. As soon as you step out, you'll see Best Color on your left.

해석 남: 실례합니다. Best Color 사(社)가 어디에 있는지 아세요? 이 건물에 처음 왔는데 어디에도 사무실 안내명단이 없네요. 여: 32층에 있습니다. Wireless Tech 사(社) 옆에 붉은색 큰 사무실이에요. 어떻게 가는지 아세요? 남: 여기에 엘리베이터가 굉장히 많네요. 이 엘리베이터 타면 안 되나요? 여: 네, 이 엘리베이터는 17층까지만 가거든요. 저기 저쪽 라인에 있는 엘리베이터 이용하세요. 그건 32층까지 운행합니다. 엘리베이터에서 내리시면 바로 왼쪽에 보일 겁니다.

52 Which floor is Best Color on?

(A) 32$^{nd.}$

(B) 17$^{th.}$

(C) 16$^{th.}$

(D) 15$^{th.}$

나쁜 해설 🔲 'It's on the 32nd floor, ~' 등에서 알려주고 있습니다. 이렇게 선택문항에 동일한 유형이 나올 경우에는 어느 때보다도 집중해서 들어야 정답이 들릴 때 바로 체크할 수 있습니다.

정답 (A) **해석** Best Color 사(社)는 몇 층에 있는가? (A) 32층. (B) 17층. (C) 16층. (D) 15층.

53 Why can't the man take the elevator in front of him?

(A) It is not working.

(B) It is full of people.

(C) It doesn't go high enough.

(D) It is designated for employees.

나쁜 해설 🔲 'No, this one only goes to the 17th floor' 에서 이유를 말해주고 있습니다.

정답 (C) **해석** 남자는 왜 앞에 있는 승강기를 탈 수 없는가? (A) 운행을 하지 않아서. (B) 사람들로 가득 차서. (C) 원하는 층까지 운행하지 않아서. (D) 직원전용 엘리베이터라서.

54 How does the woman finally advise the man?

(A) To take the stairs

(B) To leave the lobby

(C) To take another elevator.

(D) To ask someone else.

나쁜 해설 🔲 'Go to that row of elevators there; it goes up to the 32nd floor.' 에서 다른 엘리베이터를 타라고 알려주고 있습니다.

정답 (C) **해석** 마지막에 여자가 남자에게 뭐라고 조언하는가? (A) 계단을 이용하라. (B) 로비를 떠나라. (C) 다른 엘리베이터를 이용하라. (D) 다른 사람에게 물어보라.

Questions 55-57 refer to the following conversation.

M: Have you heard that Thomas Meeker is moving up to vice president of operations? He's going to be assuming the position next month, and moving to our headquarters in Dublin.

W: Really? How do you know that? I had no idea that Thomas was being considered for such an important position!

M: That's what the company intranet says, so it has to be true.

W: Oh, well, that's really surprising. He's only been in the company 6 years! I know he's been such a hard worker, though, so he deserves it.

해석 남: Thomas Meeker가 영업 부사장으로 승진한다는 거 들었어요? 다음달에 부임해서 더블린에 있는 본사로 간대요. 여: 정말이에요? 그건 어떻게 아셨어요? 전 Thomas 씨가 그렇게 중요한 자리 물망에 오르는지 몰랐어요. 남: 사내전산망에 나와 있으니까 틀림없이 사실일 거예요. 여: 정말 놀랍네요. 그 분 우리 회사에 온 지 6년밖에 안 되었는데! 워낙 열심히 일하시는 분이라서 그럴 자격은 충분하다고 생각하지만요.

55 How did the man get to know the news?

(A) Through Thomas Meeker.

(B) Through his colleagues.

(C) Through the company website.

(D) Through vice president of operations.

나쁜 해설 😊 'That's what the company intranet says, ~'에서 정답이 나오는데 선택문항에서는 'company webiste'로 바꿔 표현했습니다.

정답 (C) 해석 남자는 이 소식을 어떻게 알았는가? (A) Thomas Meeker를 통해서. (B) 동료를 통해서. (C) 회사 웹사이트를 통해서. (D) 영업 부사장을 통해서.

56 What does the conversation concern?

(A) A new hire.

(B) A failed project.

(C) Promotion.

(D) A new technology.

나쁜 해설 😊 이와 같이 전체 대화의 주제를 묻는 문제는 거의 대부분 첫 대사에서 정답이 주어집니다. 'Have you heard that Thomas Meeker is moving up to vice president of operations?' 등에서 알 수 있습니다.

정답 (C) 해석 무엇에 관한 대화인가? (A) 신입 고용. (B) 실패한 프로젝트. (C) 승진. (D) 신기술.

57 Why does the woman find the news surprising?

(A) Someone has not worked that long.

(B) Someone failed to work hard.

(C) An investment was not profitable.

(D) The vice president is on sick leave.

나쁜 해설 😊 'Oh, well, that's really surprising.' 바로 뒤에서 'He's only been in the company 6 years!' 라고 말해주고 있습니다. 즉, 회사에서 오래 근무하지 않았음을 알 수 있죠.

정답 (A) 해석 여자는 왜 이 소식을 듣고 놀라는가? (A) 어떤 사람이 그렇게 오래 근무한 것이 아니라서. (B) 어떤 사람이 열심히 일하지 않아서. (C) 투자성과가 별로 없어서. (D) 부사장이 병가 중이라서.

66

Questions 58-60 refer to the following conversation.

W: Mr. Gomez, were you able to reserve a seat for me on the 10:00 o'clock train to Prague?

M: That train was full, so I booked you a seat on the 10:30. I hope that's no problem, because nearly all of the trains at 10:00 seem full.

W: The 10:30 train will get me there at about noon, not in time for the meeting. Can't you get anything earlier? Aren't there any other trains leaving about 9:45 or so?

M: Well, there's an early train leaving at 6:00 o'clock a.m. Would you like to catch that one? It'll get you into Prague about 7:30 a.m.

해석 여: Mr. Gomez, 제가 타고 갈 프라하 행 10시 기차표 예매하셨어요? 남: 10시 기차는 좌석이 다 차서 10시 30분 기차로 예매했습니다. 10시 기차들은 거의 모두 매진이라서 그렇게 했는데 괜찮으신지 모르겠습니다. 여: 10시 30분 기차를 타면 정오에 도착하게 되는데 회의시간에 늦겠어요. 좀 더 이른 기차표를 구할 수 없나요? 혹시 9시 45분쯤에 출발하는 다른 기차들은 없어요? 남: 아침 6시에 출발하는 첫차는 있습니다. 그걸로 가시겠습니까? 그러면 오전 7시 30분쯤 프라하에 도착할 겁니다.

58 Why can't the woman ride the 10:00 o'clock train?

(A) It has already left.
(B) It is too slow.
(C) It is too expensive.
(D) It has no open seats.

나쁜 해설 66 'That train was full, so I booked you a seat on the 10:30.' 에서 이유가 드러나는데요, 정답 선택문항에서는 'It has no open seats' 로 표현했습니다.

정답 (D) 해석 여자는 왜 10시 기차를 탈 수 없는가? (A) 이미 떠나버려서. (B) 너무 느려서. (C) 너무 비싸서. (D) 좌석이 없어서.

59 Why doesn't the woman want the 10:30 train?

(A) It is too uncomfortable.
(B) It arrives too late.
(C) It doesn't go to Prague.
(D) She is still in a meeting.

나쁜 해설 66 'The 10:30 train will get me there at about noon, not in time for the meeting.' 에서 기차가 늦게 도착하기 때문이라는 것을 알 수 있습니다.

정답 (B) 해석 여자는 왜 10시 30분 기차를 타고 싶어하지 않는가? (A) 너무 불편해서. (B) 너무 늦게 도착해서. (C) 기차가 프라하에 가지 않아서. (D) 아직 회의 중이라서.

60 What final option does the man give?

(A) Departing in the early morning.
(B) Catching a less expensive train.
(C) Waiting while he contacts the ticket office.
(D) Taking a plane to Prague.

나쁜 해설 66 남자의 마지막 대사 'Well, there's an early train leaving at 6:00 o'clock a.m.' 에 정답이 나와 있습니다.

정답 (A) 해석 남자가 마지막에 제시한 선택사항은 무엇인가? (A) 아침 일찍 출발하는 것. (B) 요금이 더 저렴한 기차를 타는 것. (C) 매표소와 연락하는 동안 기다리는 것. (D) 프라하까지 비행기 타고 가는 것.

Questions 61-63 refer to the following conversation.

M: I'm calling the Bangkok office to talk to Richard Champak. What time is it there now?

W: I think it's about 2:45 p.m. there. Still a few more minutes before the currency markets close. But you might just want to wait until tomorrow to call.

M: No, there's still time for a final market order. I'm going to tell him to sell about $300 million in Thai Baht and buy Singapore Dollars.

W: That could be a big mistake. The Singapore Dollar's been weak all day. But if you want to place the order, it's up to you.

해석 남: 방콕 지사에 전화해서 Richard Champak과 통화하려고 하는데 거기 지금 몇 시죠? 여: 오후 2시 45분일 겁니다. 외환시장이 마감되려면 아직 몇 분 남았습니다. 하지만 내일 전화하시는 게 좋을 것 같은데요. 남: 아니에요. 아직 마지막 주문을 낼 시간은 있어요. 전화해서 3억 달러어치 태국 바트화를 팔고 싱가포르 달러를 사라고 할 겁니다. 여: 그렇게 하면 크게 잘못될 수 있어요. 싱가포르 달러는 하루 종일 약세였어요. 하지만 꼭 주문을 내고 싶으면 알아서 하세요.

61 Who are the speakers?

(A) Secretaries.

(B) Tourist agents.

(C) Thai officials.

(D) Currency traders.

나쁜 해설 🔊 'currency markets' 이나 'I'm going to tell him to sell about $300 million in Thai Baht and buy Singapore Dollars.' 등에서 화자들의 직업이 외환 딜러임을 짐작할 수 있습니다.

정답 (D) **해석** 화자들은 누구인가? (A) 비서. (B) 여행사 직원. (C) 태국 관리. (D) 외환 딜러.

62 What does the man want to do?

(A) Go to Thailand.

(B) Order a transaction.

(C) Make a call to Singapore.

(D) Get a new secretary.

나쁜 해설 🔊 'No, there's still time for a final market order.' 와 'I'm going to tell him to sell about $300 million in Thai Baht and buy Singapore Dollars.' 등에서 거래주문을 하고 싶어하는 것을 알 수 있습니다.

정답 (B) **해석** 남자가 하고 싶어하는 것은 무엇인가? (A) 태국에 가는 것. (B) 거래 주문을 하는 것. (C) 싱가포르에 전화하는 것. (D) 비서를 새로 채용하는 것.

63 How does the woman finally advise the man?

(A) He is doing well.

(B) He should close the office.

(C) He may be wrong.

(D) He has earned large profits.

나쁜 해설 🔊 여자의 마지막 대사인 'That could be a big mistake. The Singapore Dollar's been weak all day.' 에서 정답을 알 수 있는데 본문의 'a big mistake' 가 선택문항에서 'wrong' 으로 바뀌 나왔습니다.

정답 (C) **해석** 마지막에 여자는 남자에게 뭐라고 조언하는가? (A) 남자가 잘하고 있다. (B) 남자가 사무실을 닫아야 한다. (C) 남자가 잘못 생각하는 것일 수 있다. (D) 남자가 많은 수익을 올렸다.

Questions 64-66 refer to the following conversation.

M: This is the new coal we ordered from Canada. It just arrived yesterday, and I think we can begin using it right away.

W: This is what's supposed to bring down our pollutant emissions, right?

M: Right. It's been specially treated so that when it burns there's only a minimum of smoke. It's well beneath international guidelines on emissions.

W: Okay, let's see how it does. Hopefully, this will allow us to run the plant in a much more environmentally friendly way.

해석 남: 이것이 우리가 캐나다에서 주문한 새 석탄입니다. 바로 어제 도착했는데 지금부터 바로 사용해도 될 것 같아요. 여: 이게 오염물질 배출을 줄여준다는 그 석탄이군요. 남: 네. 특수처리되어서 연소될 때 연기발생이 최소화됩니다. 오염물질 배출에 관한 국제기준보다 훨씬 낮습니다. 여: 좋아요. 어디 어떤지 한번 봅시다. 이 석탄 덕분에 우리 공장이 훨씬 더 친환경적인 방식으로 운영되면 좋겠군요.

64 Why have the speakers bought this coal?

(A) It is economical.

(B) It is less harmful.

(C) It is profitable.

(D) It is easily transportable.

나쁜 해설 **65** 'This is what's supposed to bring down our pollutant emissions, right?' 와 그 이후에 나오는 대사에서 오염물질 배출이 적고 환경 친화적이라는 사실을 여러 번 강조하고 있습니다.

정답 (B) 해석 화자들은 왜 이 석탄을 구입했는가? (A) 경제적이어서. (B) 덜 해로워서. (C) 수익성이 높아서. (D) 운송이 용이해서.

65 Which special property does the coal have?

(A) Small emissions.

(B) High quality.

(C) Excellent safety.

(D) Outstanding color.

나쁜 해설 **66** 여러 곳에서 드러나지만 특히 'It's been specially treated so that when it burns there's only a minimum of smoke.' 에서 배출물질이 적다는 것을 분명히 밝히고 있습니다.

정답 (A) 해석 이 석탄은 어떤 특성을 가지고 있는가? (A) 배출물질이 적다. (B) 품질이 뛰어나다. (C) 안전성이 뛰어나다. (D) 색상이 아주 좋다.

66 What final comment does the woman make about the coal?

(A) It is good for nature.

(B) It is good for workers.

(C) It is good for management.

(D) It is good for customers.

나쁜 해설 **66** 문제 그대로 여자의 마지막 대사인 'Hopefully, this will allow us to run the plant in a much more environmentally friendly way.' 에서 정답이 나오고 있는데요. 'environmentally friendly'를 정답 선택문항에서는 'good for nature' 로 바꿔 표현하고 있습니다.

정답 (A) 해석 여자가 석탄에 대해 마지막에 언급한 말은 무엇인가? (A) 자연환경에 이롭다. (B) 근로자들에게 이롭다. (C) 경영진에게 이롭다. (D) 고객에게 이롭다.

Questions 67-69 refer to the following conversation.

M: The options market has been changing wildly all day. It's hard to tell what will happen next. A lot of traders have already lost quite a bit of money.

W: I know. The options index peaked at $47 per share, and then slid to $40. There's a rumor that it could slide to $37 by the end of the day.

M: $37? That's terrible! Do you want to sell before things get worse? We'll take a big loss if it slides that low!

W: No, let's hold on for now. Prices should climb back to around $47 by market close today.

해석 남: 선물시장이 하루 종일 큰 폭으로 변하고 있습니다. 앞으로 어떻게 될지 짐작하기 힘들어요. 많은 중개인들이 이미 상당한 손실을 봤어요. 여: 그러게요. 한때 선물지수가 주당 47달러까지 치솟았다가 다시 40달러로 하락했어요. 오늘 시장 마감될 때까지 37달러 선으로 떨어질지 모른다는 소문이 돌고 있어요. 남: 37달러라고요? 끔찍하군요. 더 떨어지기 전에 팔까요? 그렇게까지 떨어지면 우리는 큰 손실을 입을 거예요. 여: 아니오, 일단 좀 지켜보죠. 오늘 장이 마감될 때쯤 47달러 선으로 다시 오를 거예요.

67 What is happening in the options market?

(A) It is not profitable.

(B) It is volatile.

(C) It is not accessible.

(D) It is already closed.

나쁜 해설 🔊 지문 전체에서 여러 번 언급하고 있지만 특히 첫 대사인 'The options market has been changing wildly all day.' 에서 바로 알 수 있습니다. 'changing wildly' 가 정답 선택문항에서는 'volatile' 로 바뀌 표현되고 있는 것도 주의해서 보세요.

정답 (B) 해석 선물시장에 무슨 일이 일어나고 있는가? (A) 수익성이 좋지 않다. (B) 변동폭이 크다. (C) 접근할 수가 없다. (D) 이미 장이 마감되었다.

68 What does the woman want to do?

(A) Stay in the market.

(B) Buy different shares.

(C) Get more information.

(D) Contact a supervisor.

나쁜 해설 🔊 'No, let's hold on for now. ~' 에서 정답을 알 수 있는데요, 'hold on' 을 선택문항에서 'stay in the market' 으로 바뀌 표현했습니다.

정답 (A) 해석 여자는 어떻게 하고 싶어하는가? (A) 시장을 관망한다. (B) 다른 주식을 산다. (C) 정보를 더 얻는다. (D) 상사에게 연락한다.

69 Why does she want to do this?

(A) They are earning money.

(B) Prices will rise.

(C) The market will soon open.

(D) Policies will change.

나쁜 해설 🔊 여자의 마지막 대사인 'Prices should climb back to around $47 by market close today.' 에서 그 이유를 밝히고 있습니다.

정답 (B) 해석 여자는 왜 이렇게 하고 싶어하는가? (A) 지금 돈을 벌고 있으므로, (B) 가격이 오를 것이므로, (C) 장이 곧 열리므로, (D) 정책이 바뀔 것이므로.

MP3 70

Questions 70-72 refer to the following conversation.

W: I have to pick up my sister at the airport this afternoon, so I'm afraid I have to leave a bit early.

M: So soon? I need to talk to you about the new accounting project; we have to go over all the figures from this year to make sure they're correct.

W: That's no problem; I'll be here at 9:00 o'clock tomorrow, and I can stay as long as you need me.

해석 여: 오늘 오후에 제 여동생을 데리러 공항에 가아 해서 오늘은 좀 일찍 퇴근해야겠습니다. 남: 그렇게나 일찍 가아 돼요? 새로운 회계과제에 대해서 이야기 좀 해아 하는데, 올해의 모든 회계수치자료가 정확한지 확인하기 위해 검토해아 돼요. 여: 걱정 마세요. 내일은 9시까지 회사에 출근할 거예요. 그리고 필요하다면아 늦게까지 일할 수 있어요.

70 Why is the woman leaving early?

(A) To meet a client.

(B) To deal with personal matters.

(C) To go on a trip.

(D) To attend an accounting workshop.

나쁜 해설 여자의 첫 대사인 'I have to pick up my sister at the airport this afternoon, ~' 에서 단서를 찾을 수 있는데 정답 선택문항에서는 'to deal with personal matters' 로 바뀌어 나왔습니다.

정답 (B)   해석 여자는 왜 일찍 퇴근하는가? (A) 고객을 만나기 위해서, (B) 개인적인 일을 처리하기 위해서, (C) 여행을 가기 위해서, (D) 회계 워크샵에 참석하기 위해서.

71 What does the man want?

(A) To review information.

(B) To meet a supervisor.

(C) To talk with a client.

(D) To get a raise.

나쁜 해설 남자의 대사인 'I need to talk to you about the new accounting project; we have to go over all the figures from this year to make sure they're correct.' 에서 답이 나옵니다. 'go over the figures' 를 정답 선택문항에서는 'review information' 으로 바뀌 표현했습니다.

정답 (A)   해석 남자가 원하는 것은 무엇인가? (A) 자료를 검토하는 것, (B) 상사를 만나는 것, (C) 고객과 이야기하는 것, (D) 급여인상을 받는 것.

72 What does the woman promise to do?

(A) Work late tomorrow.

(B) Find new customers.

(C) Send an important email.

(D) Be more productive.

나쁜 해설 여자의 마지막 대사인 '~ and I can stay as long as you need me.' 에서 늦게까지 일하겠다는 것을 알 수 있습니다.

정답 (A)   해석 여자가 약속하는 것은 무엇인가? (A) 내일 늦게까지 일하겠다. (B) 새로운 고객을 찾아내겠다. (C) 중요한 이메일을 보내겠다. (D) 보다 생산적으로 일하겠다.

- Direction은 생략합니다.
- 정답은 189쪽에서 확인, 스크립트와 해설은 홈페이지(www.dobedobe.com) 자료실에 있습니다.

41. Who is the man most likely?

(A) A banana grower.
(B) A retailer.
(C) A grocery shopper.
(D) A truck driver.

42. What does the man's complaint concern?

(A) Quality.
(B) Price.
(C) Speed.
(D) Comfort.

43. What does the woman suggest to the man?

(A) Returning the bananas.
(B) Talking an issue over.
(C) Providing a refund.
(D) Selling at a lower price.

44. Why is the woman depressed?

(A) She and the man are breaking up.
(B) She spent too much money.
(C) She failed to get a higher position.
(D) The factory is too noisy.

45. How much more will the woman be paid?

(A) $1 per hour.
(B) $7 per hour.
(C) $8 per hour.
(D) $9 per hour.

46. What does the woman finally decide to do?

(A) Change jobs.
(B) Stay home.
(C) Talk with a supervisor.
(D) Work harder.

47. Why can't the woman sleep at night?

(A) She is working too hard.
(B) She feels too much stress.
(C) She feels sick to her stomach.
(D) She has a fever.

48. What kinds of tests will the doctor perform?

(A) Brain.
(B) Liver.
(C) Stomach.
(D) Blood.

49. What does the doctor give the woman?

(A) Medicine to help her eyes.
(B) Advice to get more rest.
(C) A list of special foods to eat.
(D) Medicine to help her nausea.

50. Where did the speakers most likely first meet?

(A) At work.
(B) At a beach.
(C) In school.
(D) On an airplane.

51. Which industry do the speakers work in?

(A) Finance.
(B) Leisure.
(C) Security.
(D) Transportation.

52. Where is the woman's company opening new branches?

(A) In Europe.
(B) In South Africa.
(C) In South America.
(D) In the United States.

---

53. Where is the conversation most likely taking place?

(A) In Sydney.
(B) On an airplane.
(C) At the office.
(D) In a car.

54. What problem are the speakers discussing?

(A) Developments in the Sydney market.
(B) Finding the right train to board.
(C) Heavy road traffic.
(D) Getting to a location.

55. What does the woman suggest to the man?

(A) Stopping to ask for help.
(B) Investing more money.
(C) Driving a bit faster.
(D) Calling head office.

56. What does the man want the woman to do?

(A) Stop making morning phone calls.
(B) Log off of the Internet.
(C) Contact someone.
(D) Find his notebook.

57. What does the man want Mr. Thompson to do?

(A) Bring some items.
(B) Finish writing a software program.
(C) Straighten up his desk.
(D) Call a customer.

58. When does the man want Mr. Thompson to do it?

(A) Immediately.
(B) Tonight.
(C) Tomorrow.
(D) The day after tomorrow.

---

59. Where is this conversation most likely taking place?

(A) At an office.
(B) At home.
(C) On the road.
(D) At the beach.

60. What is wrong with the man's phone?

(A) The receiver doesn't work.
(B) He can't access his messages.
(C) He's unable to transfer his calls.
(D) Its speakerphone won't work.

GO ON TO THE NEXT PAGE

61. What does the woman suggest the man do?

(A) Hang up the phone.
(B) Call the help desk.
(C) Order a part needed to fix the phone.
(D) Look at directions.

---

62. How does Ms. Collier help the speakers?

(A) She provides funds.
(B) She is a customer.
(C) She does production work.
(D) She provides information.

63. What did Ms. Collier do recently?

(A) She gave a marketing update.
(B) She recorded new music.
(C) She went to a Paris stream.
(D) She contacted new customers.

64. How does Ms. Collier say the company's French operations are going?

(A) They are just beginning.
(B) They are starting to slow.
(C) They are marking new heights.
(D) They are in a slowdown.

---

65. Which kind of suggestion does the woman make?

(A) To leave a cab.
(B) To have a stroll.
(C) To wait until the rain stops.
(D) To enter a big building.

66. Why does the man resist the suggestion?

(A) Because of the distance.
(B) Because he is tired.
(C) Because of the weather.
(D) Because of a meeting.

67. What final comment does the woman make about London?

(A) Its culture is excellent.
(B) Its weather is rainy.
(C) Its population is diverse.
(D) Its streets are very crowded.

---

68. How does the man want to ship the toys?

(A) By themselves.
(B) Along with special documents.
(C) In time to meet a deadline.
(D) Along with other items.

69. Why does he want to ship them this way?

(A) To pay less.
(B) To be more trendy.
(C) To be more punctual.
(D) To use better technology.

70. How does the woman advise the man?

(A) To proceed.
(B) To reconsider.
(C) To delay.
(D) To sell.

- Direction은 생략합니다.
- 정답은 189쪽에서 확인, 스크립트와 해설은 홈페이지(www.dobedobe.com) 자료실에 있습니다.

41. Why does the man think another bus will not come soon?

(A) There are not lots of running.
(B) He has read a bus schedule.
(C) One has just departed.
(D) One has just arrived.

42. What does the woman want to do?

(A) Get off a bus.
(B) Take different transport.
(C) Wait a bit longer.
(D) Delay a decision.

43. Why does the woman want to do this?

(A) To be punctual.
(B) To travel comfortably.
(C) To save money.
(D) To get out of the weather.

44. What problem are the speakers discussing?

(A) Falling profits.
(B) A troubling co-worker.
(C) Expanding market share.
(D) A system not working.

45. Why did this problem arise?

(A) Financial troubles.
(B) Fast growth.
(C) Poor planning.
(D) Poor advertising.

46. How can the problem be fixed?

(A) By improving the network.
(B) By increasing workers.
(C) By expanding market share.
(D) By retraining managers.

47. How does the woman feel about the deal?

(A) It was perfect.
(B) It must be canceled.
(C) It is a bit lacking.
(D) It is economical.

48. How much more than their target price must the speakers pay?

(A) £1.
(B) £2.
(C) £3.
(D) £4.

49. Why is the woman worried about this?

(A) They lack money.
(B) They will order a large volume of items.
(C) The units are not of a high quality.
(D) They must make a new deal next year.

50. What is missing from the documents?

(A) A photo.
(B) An authorization.
(C) A time stamp.
(D) A location.

GO ON TO THE NEXT PAGE

51. How much does the woman want to spend?

    (A) €1,000.
    (B) €10,000.
    (C) €37,000.
    (D) €47,000.

52. What does the woman promise to do?

    (A) Send a message.
    (B) Return the next day.
    (C) Make a complaint.
    (D) Lower her budget.

---

53. Where did a mistake take place?

    (A) In marketing.
    (B) In sales.
    (C) In security.
    (D) In production.

54. Why did the mistake occur?

    (A) Equipment is old.
    (B) Security was not tight.
    (C) Equipment is not strong.
    (D) Maintenance was not performed.

55. What does the woman promise to do?

    (A) Meet with staff and investigate the problem.
    (B) Go to make repairs herself.
    (C) Hire more managers.
    (D) Upgrade technology.

56. Who is the man?

    (A) An athlete.
    (B) A business owner.
    (C) A fisherman.
    (D) A telephone operator.

57. What is the man trying to do?

    (A) Reserve tickets.
    (B) Go fishing.
    (C) Purchase items.
    (D) Find an inn.

58. How do the item prices vary?

    (A) According to season.
    (B) According to size.
    (C) According to buyer.
    (D) According to model.

---

59. Why can't the woman use the restrooms?

    (A) She has no key.
    (B) She is uncertain where they are.
    (C) She lost her company ID.
    (D) They are designated for others.

60. What does the woman have to do?

    (A) Ask for a pass.
    (B) Wait just a little longer.
    (C) Go to a different floor.
    (D) Leave the building.

61. How does the woman finally sound?

(A) Excited.
(B) Disappointed.
(C) Annoyed.
(D) Uncertain.

---

62. Why are the speakers tired?

(A) They have been flying a long time.
(B) They have been exercising.
(C) They were at a midnight movie.
(D) They had a late meeting.

63. What does the woman have to do now?

(A) Travel further.
(B) Go to sleep.
(C) Go home.
(D) Meet a supervisor.

64. How does the man advise the woman?

(A) She can rest later.
(B) He will meet her in Chicago.
(C) The next meeting will be shorter.
(D) Midnight is not really so late.

---

65. What is the woman worried about?

(A) A meeting.
(B) An inspection.
(C) A supervisor.
(D) A broken machine.

66. Why is she worried?

(A) Something is not arranged correctly.
(B) Something is not working properly.
(C) Something is still being processed.
(D) Something is too expensive.

67. What does the man suggest to the woman?

(A) Contacting someone.
(B) Working harder.
(C) Thinking deeply.
(D) Building correctly.

---

68. Which problem do the speakers face?

(A) Getting off a highway.
(B) Making a long-distance call.
(C) Writing a document.
(D) Recalling the name of a location.

69. Why doesn't the man want to call the secretary?

(A) He doesn't have the number.
(B) He fears for his image.
(C) His cell phone battery is dead.
(D) He must talk with his boss.

70. How did the woman solve the problem?

(A) By calling the secretary.
(B) By walking up to a building.
(C) By finding information on paper.
(D) By receiving a phone text message.

PART Ⅲ에선 이것을 유의하라!

1. 대화가 들리기 전에 반드시 문제를 읽어두어라.

2. 대화 도중에 정답이 나오면 바로 선택하라.

3. Key words만 들으면 된다.

4. 대화 중에 나온 key words를 바꿔서 표현(paraphrase)한 선택문항이 정답이다.

5. 질문에 나오는 화자가 하는 말에 집중하라.

6. 첫 문장과 마지막 문장을 놓쳐서는 안 된다.

7. But, No, Actually, So 뒤에 나오는 말이 대부분 정답이거나 결정적인 단서다.

8. 숫자, 날짜, 요일, 사람 이름 등 같은 종류의 선택문항으로 구성된 문제는 정답이 들릴 때 바로 선택하라.

9. 놓친 문제나 지나간 문제에 절대 미련을 갖지 말아라.

10. 일단 시험지에 표기해두고, Listening Part가 다 끝난 후 한꺼번에 답안지에 옮겨라.

PART 4

문제와 선택문항을 미리 읽어두고 지나간
문제에 대해서 조금의 미련도 갖지 말아라!

대부분의 수험자들이 Listening Test에서 가장 어려워하고 부담스러워하는 부분이 바로 Part 4입니다. 하지만 알고 보면, 실제로는 잘 알아듣지 못해도 문제를 풀기엔 가장 쉬운 파트라고도 할 수 있지요. Part 4에 대한 막연한 두려움을 없애고 마음을 가볍게 갖는 것이 무엇보다 중요합니다.

대화문이 아니고 설명문이라는 지문의 차이를 제외하면 Part 3와 Part 4는 거의 대동소이합니다. 지문 하나에 세 문제씩 주어지는 점도 같습니다. 전체적으로 설명문 10개를 듣고 총 30문항을 풀게 됩니다.

지문 한 개를 듣고 관련된 세 문제를 풀어야 하기 때문에 Part 3와 마찬가지로 문제에 대한 집중력이 상당히 요구됩니다. 지문을 들을 당시에는 내용을 잘 이해하더라도 듣고 나서 각 문제에 대한 해당사항을 기억하지 못하면 다 알아듣고도 정답을 찾지 못하는 위험한 상황에 처하기 쉽습니다. 따라서 지문을 듣기 전에 해당하는 문제 세 개와 선택문항을 반드시 미리 읽어두어야 합니다. 그렇지 않으면 무엇을 신경 써서 들어야 하는지 모르기 때문에 지문의 내용을 다 기억해야 하는 부담이 생기고, 최악의 경우 내용은 알아들었는데 문제에 대한 대처능력이 부족해서 세 문제 다 틀릴 수도 있습니다. 그러므로 지문을 듣기 전에 미리 문제와 선택문항을 읽고 지문을 들으면서는 정답이 들릴 때 바로 그 자리에서 체크하는 순발력과 집중력을 기르도록 노력해야 합니다. 이런 노력과 더불어 〈나쁜강의〉를 통해 전략과 요령, 그리고 각 문제 유형별 급소와 핵심을 익히십시오. 빠른 시간 내에 초보자라도 쉽게 Part 4의 당당한 승자가 될 수 있습니다.

Part IV를 공략하는 핵심 요령 7가지 🎧MP3 72

우선 Part 4에서 들리는 내용은 대부분 기내방송, 공항에서 탑승 안내방송, 백화점 안내방송 등의 각종 Announcement, 기업의 간단한 결산 보고서 같은 각종 Report나 Presentation, 일기예보나 간단한 사건 보도 같은 News, 자동응답기에 남겨진 녹음 같은 Message, 광고, 설명문이나 지시사항, 사람이나 프로그램 소개 등입니다.

---

1 Direction이 나오는 동안 문제와 선택문항을 최대한 많이 읽어라.

Part 4는 Part 3와 마찬가지로 순수한 Listening 문제가 아니라 Reading과 결합된 복합문제입니다. 다시 말해서, 얼마나 많이 알아듣느냐 하는 '청취력'도 물론 중요하지만, 그에 못지 않게 내용을 듣기 전에 신속하게 문제와 선택문항을 파악하는 '독해력'이 큰 영향을 미치게 됩니다. 지문을 듣기 전에 문제와 선택문항을 미리 읽어서 무엇을 집중해서 들어야 하는지 알고 듣는 것과 문제가 무엇인지도 모르고 내용을 듣는 경우의 차이는 매우 큽니다. 미리 문제를 숙지하고 그에 해당하는 정답이 들릴 때 바로 그 자리에서 체크하지 않으면 당시에는 알아듣고도 나중에 기억이 나지 않거나 혼동이 되어서 틀리는 경우가 많습니다. 따라서 반드시 문제를 파악한 후 지문을 듣는 훈련이 되어 있어야 합니다. 그러면 언제 문제를 읽어둬야 할까요?

① Part 3 마지막 문제 70번이 끝나자마자 신속하게 Part 4로 이동해서 문제를 읽기 시작해야 합니다. Part 4 Direction이 들리는 시간은 대략 20여 초. 이때 최소한 76번까지(2개의 지문에 해당하는 문제)는 문제와 선택문항을 읽어둬야 합니다. 그 이후의 문제는 지문과 지문 사이의 term(기간)을 이용해서 읽어나가면 됩니다.

② 지문 하나에 세 문제로 구성되므로 지문의 녹음이 들리고 나서 약 24초 정도가 주어지는 셈이며 각 문제와 문제의 간격은 Part 3와 마찬가지로 약 8초입니다. 이 시간을 해당 문제를 푸는 데만 써서는 안 됩니다. 신속하게 문제를 끝내고 다음 지문의 문제를 미리 읽어둬야만 합니다. 숙달된 사람은 지문을 들으면서 정답이 나올 때 이미 정답을 결정하고 이 시간에는 다음 지문의 문제를 읽습니다. 하지만 이것이 힘들면 한 문제당 적어도 3~4초 안에 정답을 선택한 후 그 문제의 마지막 문제(가령, 첫 지문이라면 마지막 73번 문제가 들리기 전에 이미 다음 지문의 문제를 읽기 시작해야 합니다.

---

2 첫 부분과 마지막 부분이 가장 중요하다.

첫 부분과 마지막 부분에서 정답이나 결정적인 실마리가 나오는 문제가 아주 많습니다. 따라서 항상 처음과 마지막 부분에 최대한 집중하는 것이 중요합니다. 여기서 말하는 첫 부분이란 가령 Good afternoon./Ladies and gentlemen./Attention, please. 등 인사나 소개하는 형식의 말로 시작될 경우엔 바로 그 다음 문장, 즉 실질적인 내용이 나오는 문장부터를 말합니다.

3 「주어+동사+목적어」의 기본적인 사항만 집중한다는 마음으로 들어라.

어려운 어휘의 뜻을 묻는 문제는 없습니다. 따라서 모르는 표현이 나오더라도 절대 당황하지 말고 전체적인 맥락을 이해하려고 애써야 합니다. 다시 말해서 전체적인 흐름을 놓치지 않고 부담 없이 따라가야 한다는 말이지요.

그러면서 문제에서 묻는 부분이나 정답이 잘 나오는 위치를 집중해서 기억하는 게 요령입니다. 들리는 내용의 대부분은 문제에 아무런 영향을 주지 않는 말이고, 꼭 알아듣고 기억해야 하는 부분은 불과 10~20% 미만이라는 사실을 명심하세요!

기본적인 말만 이해하면 풀리는 것이 바로 토익입니다. 문장이 아무리 길고 복잡하더라도 문장 맨 앞에 놓인 「주어+동사+목적어」 정도의 기본적인 서술내용만 잘 이해하면 큰 어려움이 없습니다. 그 외의 어려운 어휘 같은 건 크게 신경 쓰지 마세요.

4 놓친 문제에는 절대로 미련을 갖지 말아라.

만약 지문을 다 들은 후에도 정답에 대한 판단이 안 서면 이미 놓친 문제라고 생각하는 게 좋습니다. 그럴 땐 가장 적당한 것을 답으로 선택하고 다음 문제로 신속하게 넘어가세요.

문제와 문제 사이의 간격은 Part 3와 마찬가지로 8초입니다. 가령 처음 지문(71~73번 문제)의 경우, 듣기가 끝난 뒤에 Questions 74 through 76 refer to the following advertisement.로 시작하는 다음 지문의 안내가 들릴 때까지 약 24초 중 늦어도 15초 안에는 시험지에 정답을 표시하고 다음 지문의 문제 세 개와 선택문항들까지 다 읽어둬야 합니다. 이것은 말처럼 그렇게 쉽지 않은 일이므로, 평소에 신속하고 과감하게 문제를 풀어나가는 심리적인 훈련을 해야만 합니다.

다시 한번 강조하지만 토익 Listening은 4~5개 정도 틀려도 만점이 나옵니다. 따라서 한두 문제에 목숨 걸지 말고, 잘 모르겠으면 과감하게 선택하고 다음 문제로 넘어가세요. 단, 절대 공백으로 비워둬서는 안 됩니다. 토익은 틀린다고 해서 감점이 되는 게 아니니까 아무 선택문항에라도 반드시 표기를 하세요. 찍어서 맞혔든 알고 맞혔든 아무도 따지지 않습니다.

초보자일수록 안 풀리는 문제에 대한 집착과 미련이 강합니다. 어차피 틀릴 문제로 시간을 끌다가 뒤의 문제들까지 희생시키는 우를 범해서는 절대 안 됩니다. Part 4에서는 한번 흐름을 놓치면 회복하기 정말 힘드니까요.

5 정답이 나오면 답안지에 바로 표기하지 말고 일단 시험지에만 표시하라.

앞에서 설명한 대로 급한 마음에 밀려서 표기할 수도 있고, 문제를 듣느라 제대로 표기할 시간이 없을 수도 있습니다. Part 3와 Part 4는 시험지에만 표시해두고 Part 4가 끝나고 나서 한꺼번에 답안지에 옮기세요.

6

만약 문제를 읽지 못했는데 지문이 들릴 때는 듣는 것에만 집중하라.

앞 문제에서 밀려 미처 문제를 읽지 못한 상태에서 지문이 들리면, 초보자일수록 급한 마음에 문제를 눈으로 읽으면서 동시에 들으려고 하는 경우가 많습니다. 하지만 상당한 수준이 아니면 이 두 가지를 동시에 하기란 정말 힘듭니다. 결국은 제대로 듣지도 못하고 문제를 읽지도 못하는 '심리적인 공황' 상태에 빠져서 아주 시험을 망치게 되기 쉽습니다. 일단 듣는 데 집중했다가 지문이 끝나면 최선을 다해 빨리 판단해서 정답을 선택하고, 다음 문제부터는 밀리지 않도록 신속하게 넘어가십시오.

7

Listening Test가 다 끝나면 신속하게 Part 3와 Part 4의 정답을 답안지에 옮겨라.

Listening Test가 끝났다고 알리는 것은 시험지에 표기해뒀던 Part 3와 Part 4의 답들을 답안지에 옮겨 적을 시간이란 말입니다. 침착하게 뭉툭한 연필을 한두 번만 돌리면 됩니다. 부지런히 하면 1~2분 안에 모두 옮길 수 있습니다. 이때 밀리지 않도록 조심하는 것 잊지 마세요.

나쁜요령

Part IV의 문제유형집중분석 (MP3) 73

Part 4에는 안내문, 녹음 메시지, 광고, 소개문, 방송이나 뉴스 및 보도문, 일반적인 설명문, 지시사항, 연설 등 8가지 대표적인 유형이 있습니다.

ANNOUNCEMENTS

특정한 장소에서 사람들에게 어떠한 정보를 제공하는 유형입니다. 주로 회사나 공장에서 직원들을 대상으로 하는 사내 안내방송, 비행기 기내나 공항, 역 등에서의 안내방송, 쇼핑센터나 백화점, 식당, 호텔, 주차장 등에서 고객들을 대상으로 하는 안내방송, 도서관, 박물관, 극장 등에서 이용객들에게 공지사항을 전달하는 안내방송 등이 출제됩니다. 생활 속에서 흔히 경험하는 내용들이므로 문제와 선택문항만 미리 파악하고 들으면 어렵지 않게 해결할 수 있습니다. 따라서 지문을 듣기 전에 문제와 선택문항을 파악하는 것이 무엇보다 중요합니다.

Questions 1-3 refer to the following announcement.

May I have your attention please? Dayton Delivery Systems will be closed on Friday because of the national holiday, so we need your time sheet to be turned in earlier than usual. Please make sure your time sheet is completed, signed by your department manager and turned in to the payroll office by 11:30 a.m. on Wednesday. If you do not work Wednesday for any reason, then you're required to submit your time sheet prior to that day. You'll receive your paychecks on Thursday afternoon. It's very important to remember that if your time sheet is not turned in on time, there may be a delay in receiving your paycheck. If you have any questions, please contact the Human Resources Office. Thanks for your cooperation and enjoy the long weekend.

해석 잘 들어주십시오. Dayton Delivery Systems는 금요일이 공휴일 관계로 문을 열지 않습니다. 그래서 여러분의 근무시간기록표를 평소보다 일찍 제출해주시기 바랍니다. 근무시간기록표를 작성하고 여러분 부서장에게 서명을 받아서 수요일 오전 11시 30분까지 급여과로 제출해주십시오. 사정이 있어 수요일에 근무를 하지 않는 경우에는 그 전날 근무시간기록표를 제출해야 합니다. 여러분의 급여는 목요일 오후에 지급됩니다. 만약 근무시간기록표를 시간에 맞춰 제출하지 않으면 급여를 늦게 수령할 수 있다는 사실을 반드시 명심해주시기 바랍니다. 문의사항이 있으면 인력자원부로 연락해주십시오. 협조해주셔서 감사드리며 긴 주말 잘 보내시기 바랍니다.

1 What is being announced?

(A) A promotion.
(B) An early deadline.
(C) A pay raise.
(D) An extension of working hours.

나쁜 해설 'What is being announced?' 와 같이 '주제' 나 '목적' 을 묻는 문제는 특히 첫 부분에서 정답이 밝혀집니다. 실제적인 첫 문장인 'Dayton Delivery Systems will be closed on Friday because of the national holiday, so we need your time sheet to be turned in earlier than usual.' 에서 근무시간기록표의 제출기한이 앞당겨졌음을 설명하고 있는데요, key words 는 'earlier than usual' 입니다.

정답 (B) **해석** 무엇을 알리고 있는가? (A) 승진. (B) 조기 마감시간. (C) 급여인상. (D) 근무시간 연장.

2 What will happen on Friday?

(A) A holiday will be observed.

(B) Paychecks will be paid.

(C) Time sheets need to be submitted.

(D) The department manager will sign the time sheet.

나쁜 해설 🔊 역시 첫 문장인 'Dayton Delivery Systems will be closed on Friday because of the national holiday, ~' 에서 금요일이 공휴일이라는 것을 쉽게 알 수 있습니다.

정답 (A)   **해석** 금요일에 어떤 일이 있는가? (A) 휴일로 지낼 것이다. (B) 급여가 지불될 것이다. (C) 근무시간기록표가 제출되어야 한다. (D) 부서장이 근무시간기록표에 서명해야 할 것이다.

3 When should the time sheet be submitted?

(A) On Wednesday.

(B) On Thursday.

(C) On Friday.

(D) On a weekend.

나쁜 해설 🔊 문제의 key words인 'time sheet' 이 들릴 때 집중하면 어렵지 않게 알 수 있는데요, '~ turned in to the payroll office by 11:30 a.m. on Wednesday.' 가 들릴 때 바로 체크해야 합니다.

정답 (A)   **해석** 근무시간기록표는 언제 제출되어야 하는가? (A) 수요일에. (B) 목요일에. (C) 금요일에. (D) 주말에.

Questions 4-6 refer to the following announcement.

There will be a change of aircraft today for Flight 95 to Los Angeles. We are using a smaller airplane and we'll not be able to provide transportation to all passengers with reservations on Flight 95. Some of you will have to use the Paradise Airlines Flight 705 which departs at 10:05 p.m. and arrives in Los Angeles at 7:45 a.m. with a stop in Honolulu. On behalf of North Pacific Airways and all of us here in Singapore operations, I'd like to apologize for any inconvenience this may cause you. I'd like to ask volunteers with confirmed reservations on Flight 95 to travel on a Paradise Flight.

해석 오늘 로스앤젤레스로 가는 95편 비행기가 교체될 예정입니다. 원래 예정되어 있던 항공기보다 소형 비행기로 운행할 예정인데 95편에 예약된 모든 승객들을 다 탑승시키지 못할 것 같습니다. 여러분 중 일부는 밤 10시 5분에 출발하여 호놀룰루에 기착했다 내일 오전 7시 45분에 로스앤젤레스에 도착하는 Paradise 항공 705편을 이용하셔야 할 것 같습니다. North Pacific 항공사와 이곳 싱가포르 지사에 근무하는 모든 직원들을 대신해 이런 불편을 끼치게 되어 사과 말씀 드리고 싶습니다. 95편 항공기 예약이 확정된 손님 여러분 중 몇 분께서는 자원하여 Paradise 항공편으로 여행해주실 것을 부탁드립니다.

4 Who is speaking?

(A) A passenger.

(B) A pilot.

(C) An airline employee.

(D) A mechanic.

나쁜 해설 🔊 본문내용 전체에 걸쳐 화자가 항공사 직원임을 알 수 있지만, 특히 'On behalf of North Pacific Airways and all of us here in Singapore operations, I'd like to apologize for any inconvenience ~' 에서 항공사의 싱가포르 지사에 근무하는 직원임이 분명하게 드러납니다.

정답 (C)   **해석** 말하는 사람은 누구인가? (A) 승객. (B) 조종사. (C) 항공사 직원. (D) 정비공.

⑤ What is the destination of Flight 95?

(A) Singapore.

(B) Honolulu.

(C) Los Angeles.

(D) New York.

나쁜 해설 🔊 첫 문장인 'There will be a change of aircraft today for Flight 95 to Los Angeles.' 에서 목적지가 로스앤젤레스임을 바로 알 수 있습니다.

정답 (C) 해석 95편 항공기의 목적지는 어디인가? (A) 싱가포르. (B) 호놀룰루. (C) 로스앤젤레스. (D) 뉴욕.

⑥ Why are some passengers not able to fly on Flight 95?

(A) The plane is overbooked.

(B) The plane is too small.

(C) The plane is cancelled due to the bad weather.

(D) The plane has a mechanical problem.

나쁜 해설 🔊 두 번째 문장인 'We are using a smaller airplane and we'll not be able to provide transportation to all passengers with reservations on Flight 95.' 에서 분명하게 설명하고 있습니다. Part 4는 항상 첫 부분에 집중하는 것이 매우 중요합니다.

정답 (B) 해석 일부 승객들은 왜 95편 항공기를 이용할 수 없는가? (A) 비행기에 인원이 과다 예약되었다. (B) 비행기가 너무 작다. (C) 비행기가 악천후로 취소되었다. (D) 비행기에 기계적인 결함이 있다.

MESSAGES

 74

회사나 극장, 박물관 등에 전화했을 때 듣게 되는 자동응답 서비스(ARS)나 자동응답전화기에 남겨진 녹음 메시지를 듣고 푸는 유형입니다. 대체로 메시지 내용은 평이한 편이고 주로 메시지를 남긴 사람이 누구인지, 전화를 건 용건이 무엇인지 또는 내용 중 특정 사실을 기억하는지 묻는 비교적 간단한 문제가 나옵니다. 대신 여러 개의 숫자나 전달사항을 들어야 하는 경우가 많으므로 역시 문제와 선택문항을 미리 파악하고 들어야 하며, 정답이 들리는 순간 바로 선택을 해서 나중에 기억이 나지 않거나 헷갈려서 틀리지 않도록 주의해야 합니다.

Questions 7-9 refer to the following telephone message.

Hi, Mr. Garcia. This is Margaret Hopkins from Human Resources. I was wondering if you still have the employee questionnaire we sent you. We haven't received it yet and we really want to have it back by the end of the week. We have to get ready for the Board meeting next Friday and that employee questionnaire will be utilized in some of their discussions on employee satisfaction and productivity. I can send you another one if you have misplaced it or you can pick one up from our office on the second floor. I'll be here in the office until five today and then I'll be back tomorrow at nine. Please call me back as soon as you hear this message. No matter what, let's make certain that the questionnaire results are ready for analysis by the Board.

해석 안녕하세요, Mr. Garcia. 저는 인력자원과의 Margaret Hopkins입니다. 저희가 보내드린 직원설문지를 아직 가지고 계신지 알고 싶습니다. 아직 저희들이 받지 못했는데 이번 주말까지 꼭 돌려받았으면 합니다. 다음 주 금요일에 이사회의가 있어서 그때까지 저희들이 준비를 끝내야 합니다. 그 직원설문지는 이사회의에서 직원만족과 생산성을 논의할 때 활용될 겁니다. 혹시 분실하셨다면 제가 다시 보내드리거나 아니면 2층에 있는 저희 사무실에 오셔서 가져가실 수 있습니다. 오늘은 제가 5시까지 사무실에 있을 것이고 내일은 9시까지 출근할 예정입니다. 이 메시지 확인하는 대로 저에게 다시 전화해주십시오. 무슨 일이 있어도 설문결과를 이사회가 분석할 수 있도록 준비하는 데 차질이 없게 만전을 기합시다.

7 What is the purpose of the call?

(A) To announce a meeting.

(B) To request a document.

(C) To explain about a new policy.

(D) To remind an employee of a raise.

나쁜 해설 😈 세 번째와 네 번째 문장인 'I was wondering if you still have the employee questionnaire we sent you. We haven't received it yet and we really want to have it back by the end of the week.' 에서 설문지를 돌려받기 위해서 전화했음을 알 수 있습니다. 'questionnaire' 가 정답 선택문항에는 'document' 로 바꿔 표현되고 있습니다.

정답 (B) **해석** 전화를 건 목적은 무엇인가? (A) 회의를 알리기 위해서. (B) 서류를 요청하기 위해서. (C) 새로운 방침을 설명하기 위해서. (D) 직원에게 급여인상을 알려주기 위해서.

8 Where is Margaret's office located?

(A) On the second floor.

(B) On the third floor.

(C) On the fourth floor.

(D) On the fifth floor.

나쁜 해설 😈 여섯 번째 문장인 '~ or you can pick one up from our office on the second floor.' 에서 2층에 사무실이 있음을 쉽게 알 수 있습니다.

정답 (A) **해석** Margaret의 사무실은 어디에 있는가? (A) 2층에. (B) 3층에. (C) 4층에. (D) 5층에.

9 What does Margaret want Mr. Garcia to do after this message?

(A) Visit her office.

(B) Send her email.

(C) Return her call.

(D) Fax her the questionnaire.

나쁜 해설 😈 '~ after this message?' 나 'What will the speaker do next?' 와 같은 문제는 거의 마지막 부분에서 정답이 들립니다. 본문의 'call me back' 이 정답 선택문항에서 'return her call' 로 바꿔 표현되었습니다.

정답 (C) **해석** Margaret은 Mr. Garcia가 이 메시지를 듣고 무엇을 하기 원하는가? (A) 그녀의 사무실을 방문한다. (B) 그녀에게 이메일을 보낸다. (C) 그녀에게 전화를 한다. (D) 팩스로 설문지를 보낸다.

Hi, Roger! This is Kevin in the warehouse. Listen, I'm sorry to bother you, but when you get this message, would you come back to the warehouse and take a look at something? I don't think it's too serious, but I think we may have a ventilation problem of some sort. I've seen what looks like some type of white mold on the wall on the west side of the building. It's been there over a week, and it actually looks as if it might be growing a little in size. If the air isn't circulating properly, we'll need to install some fans as soon as possible. Or, if you have any other solution to this issue, I'm open to it. Let's address this problem now before it becomes a real health problem for the workers.

해석 안녕하세요, Roger! 저는 창고에 있는 Kevin입니다. 귀찮게 해드려서 죄송합니다만, 이 메시지 받으시고 창고로 다시 오셔서 뭘 좀 봐주시겠습니까? 그렇게 심각한 건 아니지만 제 생각에는 환기 쪽에 문제가 있는 것 같습니다. 건물 서쪽 벽에 하얀 곰팡이 같은 것을 발견했습니다. 그런 게 생긴 지 일주일이 넘었는데 제가 보기에 크기가 조금씩 커지고 있는 것 같습니다. 만약 환기가 제대로 되지 않고 있다면 가능한 한 빨리 환풍기를 설치해야 되겠죠. 아니면 이 문제에 대해서 다른 어떤 해결방안을 가지고 있으면 언제든지 말씀해주세요. 직원들의 건강에 심각한 문제가 되기 전에 이 문제를 해결하도록 합시다.

⑩ Why does the speaker apologize to Roger?

(A) For being late for a meeting.

(B) For not inviting him to a party.

(C) For asking him to return to the warehouse.

(D) For sending him a wrong document.

나쁜 해설 🙂 실제적인 첫 문장인 'I'm sorry to bother you, but when you get this message, would you come back to the warehouse and take a look at something?' 에서 사과하는 이유를 알 수 있습니다.

정답 (C) **해석** 화자는 왜 Roger에게 사과하는가? (A) 회의에 늦어서, (B) 그를 파티에 초대하지 않아서, (C) 그에게 창고로 다시 와달라고 해서, (D) 그에게 잘못된 서류를 보내서.

⑪ What does the speaker ask Roger to do?

(A) Examine some white substance on the wall.

(B) Replace an old air-conditioner.

(C) Postpone a meeting.

(D) Buy some more office supplies.

나쁜 해설 🙂 '~ take a look at something?' 에 이어지는 문장 'I've seen what looks like some type of white mold on the wall on the west side of the building.' 에서 답을 알 수 있는데요, 'white mold' 를 정답 선택문항에서는 'white substance' 로 살짝 바꿔 표현하고 있습니다.

정답 (A) **해석** 화자는 Roger에게 무엇을 해달라고 부탁하는가? (A) 벽에 있는 어떤 하얀 물질을 살펴봐 달라, (B) 오래된 에어컨을 교체해달라, (C) 회의를 연기해달라, (D) 사무용품을 좀 더 구입해달라.

⑫ What does the speaker suspect is the cause of the problem?

(A) The size of the warehouse.

(B) Low temperature.

(C) The shortage of space.

(D) Poor air circulation.

나쁜 해설 🙂 'I think we may have a ventilation problem.' 과 일곱 번째 문장인 'If the air isn't circulating properly, we'll need to install some fans as soon as possible.' 에서 환기에 문제가 있음을 반복해서 지적하고 있습니다.

정답 (D) **해석** 화자는 문제의 원인이 무엇이라고 생각하는가? (A) 창고의 크기, (B) 낮은 온도, (C) 공간부족, (D) 환기불량.

ADVERTISEMENTS

 75

생활영어와 비즈니스 영어를 다루는 토익에서는 광고가 자주 출제됩니다. 주로 백화점이나 쇼핑센터의 세일 광고, 특정 제품이나 서비스 광고가 출제되지요. 주로 무엇을 광고하는지, 제품이나 서비스의 특징은 무엇인지 등의 기본적인 내용을 물으므로 세부적인 표현을 잘 알아듣지 못하더라도 두려워하지 말고 전체적인 맥락을 파악하도록 노력해야 합니다. 다른 유형과 마찬가지로 무엇보다 문제와 선택문항을 미리 파악해서 어떤 부분만 알아내면 되는지 준비가 된 상태에서 지문을 듣는 것이 가장 중요합니다.

Questions 13-15 refer to the following advertisement.

In winter, people, like animals, tend to gain weight. It's a natural biological change related to the weather. However, it is important to maintain your health. This means not allowing yourself to become overweight. We offer a variety of products to help you stay fit in the cold winter months, when exercising outdoors is less appealing. The Health Core is a state-of-the-art exercise machine and heart rate monitor. You can consume more than three hundred calories in half an hour by cycling or just walking on the machine. Its features include a digital display and a padded seat. Remember, when you keep your weight down, you decrease the chances of contracting weight-related illnesses such as heart disease or diabetes.

해석 겨울에는 동물들처럼 사람들도 체중이 증가하는 경향이 있습니다. 이는 날씨와 관련된 자연스러운 생물학적인 변화입니다. 하지만, 건강을 유지하는 것이 중요하지요. 즉, 과다체중이 되지 않도록 해야 한다는 말입니다. 저희는 실외에서 운동하는 것이 내키지 않는 추운 겨울에 여러분의 건강유지에 도움이 되는 다양한 제품을 제공합니다. Health Core는 심박수를 체크하는 모니터가 있는 최신 운동기구입니다. 그냥 기구 위에서 사이클을 타거나 걷는 것만으로도 30분 만에 300칼로리 이상을 소모할 수 있습니다. 또한 디지털 디스플레이와 쿠션 안장이 있다는 점도 이 운동기구의 장점입니다. 적절한 체중을 유지하면 심장병이나 당뇨병과 같은 체중과 관련된 질병에 걸릴 확률이 줄어든다는 사실을 명심하십시오.

13 Who most likely is the speaker?

(A) A veterinarian.

(B) A doctor.

(C) A repairman.

(D) A salesperson.

나쁜 해설 🔊 'We offer a variety of products to help you stay fit ~.'를 포함하여 본문내용 전체에 걸쳐 운동기구를 홍보하는 세일즈맨임을 알 수 있습니다.

정답 (D)　**해석** 화자는 누구일 것 같은가? (A) 수의사. (B) 의사. (C) 수리기사. (D) 세일즈맨.

14 What does the machine do?

(A) It measures the heart rate.

(B) It helps gain weight.

(C) It makes air warm.

(D) It helps animals exercise.

나쁜 해설 🤖 'The Health Core is a state-of-the-art exercise machine and heart rate monitor.' 에서 심박수를 측정하는 기능도 갖추고 있음을 알 수 있습니다.

정답 (A) 해석 이 기구는 어떤 기능이 있는가? (A) 심박수를 측정한다. (B) 체중 증가에 도움을 준다. (C) 공기를 따뜻하게 한다. (D) 동물들이 운동하는 것을 도와준다.

⑮ What is an advertised feature of the machine?

(A) It is very light.

(B) It is guaranteed for three years.

(C) It has a strong horsepower.

(D) It has a digital display panel.

나쁜 해설 🤖 끝에서 두 번째 문장인 'Its features include a digital display and a padded seat.' 에서 정답을 알 수 있는데, 문제의 key words를 미리 잘 읽어두면 지문 속에서 거의 같은 표현이 들리므로 더욱 쉽게 해결할 수 있습니다.

정답 (D) 해석 이 기구의 어떤 특징을 광고하고 있는가? (A) 매우 가볍다. (B) 3년간 보증된다. (C) 강력한 마력을 지니고 있다. (D) 디지털 디스플레이 패널이 있다.

Questions 16-18 refer to the following advertisement.

Office Depot, one of the biggest office supply store chains in Florida, is giving out big discounts on all purchases starting today. These huge discounts apply to all office supplies, from pencils and paper to ergonomic chairs and office desks. What's more, Office Depot is now also offering a unique service to customers, especially small companies and individuals who work from home. Starting this month, certain supplies and equipment such as photocopiers, projectors, and fax machines can be rented from Office Depot for a reasonable monthly rate. For a slightly higher monthly fee, they can be yours after several months! So hurry now and take advantage of these special deals that only Office Depot offers to its customers. All Office Depot branches are open from 9 a.m. to 10 p.m. every day.

해석 플로리다 최대 사무용품점 가운데 하나인 Office Depot에서 오늘부터 구입하시는 모든 물건에 대해 대폭 할인혜택을 드립니다. 이번 대폭 할인은 종이와 연필에서부터 인체공학 의자와 사무용 책상에 이르는 모든 사무용품에 적용됩니다. 뿐만 아니라, Office Depot는 고객 여러분께, 특히 소규모 업체나 재택근무를 하시는 분들에게 특별 서비스를 제공합니다. 이번 달부터 특정 물품과 복사기나 프로젝터, 팩시밀리 같은 장비를 합리적인 월 부담금으로 Office Depot에서 대여하실 수 있습니다. 월 부담금에서 조금만 더 내시면 몇 달 후에 아주 가지실 수도 있습니다! 지금 서두르셔서 오직 Office Depot만이 고객 여러분께 마련한 특별한 혜택을 누리십시오. Office Depot 전 지점의 영업시간은 매일 오전 9시부터 오후 10시까지입니다.

⑯ What does this advertisement concern?

(A) A new product.

(B) A relocation of the store.

(C) A big sale.

(D) Opening of a branch.

나쁜 해설 🤖 이와 같이 주제를 묻는 문제는 대부분 지문의 첫 부분에 정답이 나오는데요, '~ is giving out big discounts on all purchases starting today.' 에서 광고하는 내용을 알 수 있습니다.

정답 (C) 해석 이 광고는 무엇에 관한 것인가? (A) 신제품. (B) 가게 이전. (C) 대규모 세일. (D) 지점 개점.

🈸 **What else is advertised by the store?**

(A) Office equipment can be rented from the store.

(B) All purchases from the store will be delivered.

(C) The store will open outlets outside of Florida.

(D) The store is giving out free product catalogues.

나쁜 해설 🔊 'Starting this month, certain supplies and equipment such as photocopiers, projectors, and fax machines can be rented from Office Depot for a reasonable monthly rate.' 에서 광고사항이 나와 있습니다.

정답 (A)　해석 그 외에 광고하고 있는 것은 무엇인가? (A) 사무장비를 가게에서 임대할 수 있다. (B) 상점에서 구입한 모든 물건을 배달해 준다. (C) 플로리다 외곽에 할인점을 개설한다. (D) 무료로 제품 카탈로그를 나누어 준다.

🈲 **When does the establishment close?**

(A) 7 p.m.

(B) 8 p.m.

(C) 9 p.m.

(D) 10 p.m.

나쁜 해설 🔊 지문의 마지막 문장인 'All Office Depot branches are open from 9 a.m. to 10 p.m. every day.' 에서 폐점시간 이 10시임을 알 수 있습니다.

정답 (D)　해석 이 시설의 폐점시간은 언제인가? (A) 오후 7시, (B) 오후 8시, (C) 오후 9시, (D) 오후 10시,

INTRODUCTIONS

 76

사람이나 행사 등을 소개하는 내용의 유형을 말합니다. 주로 방송에 출연한 사람이나 새로 부임한 회사간부, 승진한 사람, 퇴직하는 경영진이나 직원을 소개하는 내용과 각종 행사 등을 설명하는 내용으로 출제됩니다. 대부분 소개되는 사람이 누구인지, 화자가 무엇을 하고 있는지, 어떤 곳에서 듣게 되는 내용인지 등의 기본적인 내용을 묻기 때문에 역시 문제와 선택문항만 미리 파악하고 들으면 어렵지 않게 해결할 수 있습니다.

Questions 19-21 refer to the following introduction.

Good evening. I'm Will Jackson and you're listening to Business Max. With us in our studio this evening is Dr. Jessy Lee, professor at the Universal School of International Business. Before coming to the Universal faculty, Dr. Lee served for eight years on the marketing team of Glaxo International. She is an expert on marketing in Southeast Asia. This evening Dr. Lee will talk about the future prospects for exports in the changing economy. Following her talk, she'll be taking questions from my listening audience. I'm very happy to have her with us today. Please welcome Dr. Lee.

해석 안녕하십니까? 저는 Will Jackson입니다. 여러분은 지금 Business Max를 듣고 계십니다. 오늘 저녁 저희 스튜디오에 모신 분은 Universal 국제경영대학원 교수이신 Jessy Lee 박사님입니다. Universal 대학원 교수로 오시기 전에 Lee 박사님께서는 8년간 Glaxo International 마케팅 팀에서 근무하셨습니다. 박사님은 동남아시아 지역의 마케팅 전문가이십니다. 오늘 저녁에는 Lee 박사님께서 변화하는 경제상황에서 향후 수출전망에 대해 말씀해주실 겁니다. 말씀이 끝난 후에는 청취자들로부터 질문을 받겠습니다. Lee 박사님을 모시게 되어서 대단히 기쁩니다. Lee 박사님을 환영해주십시오.

⑲ What is Dr. Lee's current job?

(A) A photographer.

(B) A business professor.

(C) A talk show host.

(D) A salesperson.

나쁜 해설 😀 'With us in our studio this evening is Dr. Jessy Lee, professor at the Universal School of International Business.' 에서 직업이 그대로 드러나 있습니다.

정답 (B)   해석 Lee 박사의 현재 직업은 무엇인가? (A) 사진작가. (B) 경영학 교수. (C) 토크쇼 진행자. (D) 세일즈맨.

⑳ What will Dr. Lee talk about?

(A) Her experience in Glaxo International.

(B) Marketing in Southeast Asia.

(C) The outlook for exports.

(D) Her know-how of international business.

나쁜 해설 😀 문제를 미리 파악하고 있다가 정답이 들릴 때 바로 선택해야 혼동해서 틀리는 것을 방지할 수 있는 문제입니다. 'This evening Dr. Lee will talk about the future prospects for exports in the changing economy.' 에서 정답을 알 수 있는데 정답 선택문항에서는 'prospects' 가 'outlook' 으로 바꿔 나왔습니다.

정답 (C)   해석 Lee 박사는 무엇에 대해 연설할 것인가? (A) Glaxo International에서의 경험. (B) 동남아시아에서의 마케팅. (C) 수출전망. (D) 국제경영에 관한 자신의 노하우.

㉑ Where is Dr. Lee speaking?

(A) On a radio program.

(B) In an auditorium.

(C) On a TV program.

(D) At a hospital.

나쁜 해설 😀 첫 부분인 '~ and you're listening to Business Max.' 와 '~ she'll be taking questions from my listening audience.' 등에서 라디오 프로그램에 출연하고 있음을 알 수 있습니다.

정답 (A)   해석 Lee 박사는 어디에서 연설할 것인가? (A) 라디오 프로그램에서. (B) 강당에서. (C) TV 프로그램에서. (D) 병원에서.

BROADCAST, NEWS & REPORTS

 77

주로 교통방송, 일기예보, 대담 프로그램(Talk show)의 도입부분 등과 간단한 경제뉴스, 환경이나 에너지 등의 내용을 다루는 공익뉴스 등이 주로 출제됩니다. 다른 유형에 비해서 구체적으로 질문을 하거나 지문 중에 나온 여러 개의 숫자나 사람이름, 회사이름 등이 선택문항에 나열되는 경우가 많기 때문에 반드시 문제와 선택문항을 미리 읽고 정답이 들릴 때 바로 선택해서 나중에 기억나지 않아 틀리는 일이 없도록 주의해야 합니다.

Questions 22-24 refer to the following talk.

Here's today's headline news: After months of careful deliberation, AT&T Broadband has finally decided to merge with Comcast Cable. The $72billion deal is expected to create a cable conglomerate with more than 21 million subscribers. AT&T, which is the largest cable company in the United States, believes that the deal is another step toward the company's goal of integrating the cable, telephone, and broadband Internet business. The company is banking on the growing trend of technological convergence in the Telecom field, and the merging of the Telecom sector with media and content providers. Next is our exclusive interview with the AT&T Chief Executive Officer, Michael Armstrong. He's going to elaborate on some of the company's future business plans and vision.

해석 오늘의 헤드라인 뉴스입니다. 수 개월간 신중하게 숙고한 끝에, 마침내 AT&T Broadband가 Comcast Cable과 합병하기로 결정했습니다. 720억 달러에 이르는 이번 거래로 2100만 명 이상의 시청자를 보유한 케이블 거대기업이 탄생할 것으로 예상됩니다. 미국 최대의 케이블 회사인 AT&T는 이번 거래가 케이블, 전화, 광대역 인터넷 사업을 통합하고자 하는 회사의 목표를 이루기 위한 또 하나의 조치라고 믿고 있습니다. AT&T는 전자통신분야에서 점점 증가하고 있는 기술적인 융합과 전자통신분야와 미디어 및 콘텐츠 공급업체가 통합되는 추세에 기대를 걸고 있습니다. 다음은 AT&T의 최고경영자 Michael Armstrong과의 독점 인터뷰입니다. Michael Armstrong 씨는 인터뷰에서 회사의 향후 사업계획과 전망에 대해서 자세히 밝힐 예정입니다.

㉒ What is the news report about?

(A) The inauguration of a new chief executive officer.

(B) The joining of two companies.

(C) The shutdown of a business.

(D) The trend in Internet business.

나쁜 해설 06 이와 같이 주제를 묻는 문제는 거의 대부분 첫 부분에 정답이 있습니다. '~, AT&T Broadband has finally decided to merge with Comcast Cable.'에서 정답을 알 수 있는데요, 'merge'를 정답 선택문항에서는 'joining'으로 바꿔 표현하고 있습니다.

정답 (B) **해석** 무엇에 관한 뉴스인가? (A) 새 최고경영자의 취임. (B) 두 회사의 합병. (C) 기업의 폐쇄. (D) 인터넷 사업의 추세.

㉓ Which cable company is currently the largest in the U.S.?

(A) Comcast Cable.

(B) Cox Communication.

(C) AT&T Broadband.

(D) Atlantic Cable.

나쁜 해설 😊 이와 같이 구체적인 기억이 필요한 문제는 미리 문제를 파악하고 대기하고 있어야 혼동해서 틀리는 것을 예방할 수 있습니다. 'AT&T, which is the largest cable company in the United States, ~'에서 정답이 바로 나옵니다.

정답 (C) 해석 현재 미국 내 최대 케이블 회사는 어디인가? (A) Comcast Cable (B) Cox Communication (C) AT&T Broadband (D) Atlantic Cable

㉔ What will the audience hear next?

(A) An advertisement.

(B) Weather forecasts.

(C) A traffic report.

(D) An interview.

나쁜 해설 😊 이와 같이 다음에 연결될 내용을 묻는 문제는 마지막 부분을 집중해서 들으면 쉽게 알 수 있는데요, 'Next is our exclusive interview with ~'에서 바로 정답이 나옵니다.

정답 (D) 해석 청취자들이 다음에 듣게 될 내용은 무엇인가? (A) 광고. (B) 일기예보. (C) 교통정보. (D) 인터뷰.

Questions 25-27 refer to the following weather report.

Good evening ladies and gentlemen! I'm Dave Harris and this is the weather forecast in Seattle for tomorrow. The sun will rise at 5:30 a.m. tomorrow, with sunny skies giving us a pleasant, balmy morning. From early afternoon, however, heavy clouds will bring in moderate rains, while slight winds will move in from the north. Expect the rain to get heavy after the sun sets at 6:45 p.m. before easing into a light shower by late evening. Expect temperatures to drop to a chilly 6 to 10 degrees Celsius once the rain starts. So be sure to wear some nice thick clothes to keep you warm before you leave for work, school, or play tomorrow. This is Dave Harris wishing you a pleasant evening!

해석 여러분, 안녕하십니까! Dave Harris입니다. 시애틀의 내일 일기예보입니다. 내일 일출시각은 오전 5시 30분이며 하늘은 화창한 가운데 상쾌하고 온화한 아침이 되겠습니다. 하지만 오후 일찍부터 구름이 짙게 끼어 약간의 비가 내리는 가운데 북쪽에서부터 약한 바람이 불겠습니다. 오후 6시 45분에 해가 진 뒤 빗줄기가 굵어졌다가 밤늦게 가벼운 소나기로 약해질 것으로 보입니다. 비가 내리기 시작하면서 기온은 섭씨 6도에서 10도로 떨어져 쌀쌀할 것으로 예상됩니다. 따라서 내일 출근, 등교, 나들이 나가시기 전에 두꺼운 옷을 입어 몸을 따뜻이 하는 것이 좋겠습니다. Dave Harris였습니다. 편안한 저녁 보내시기 바랍니다.

㉕ What will be the weather like in the morning?

(A) Cloudy.

(B) Rainy.

(C) Bright.

(D) Windy.

나쁜 해설 😊 문제의 key words인 'morning'이 들릴 때 집중하면 쉽게 알 수 있는데요, 'The sun will rise at 5:30 a.m. tomorrow, with sunny skies giving us a pleasant, balmy morning.'에서 날씨가 좋을 거라는 사실을 알 수 있습니다. 정답 선택문항에서는 'bright'로 표현되었네요.

정답 (C) 해석 오전에는 날씨가 어떨 것인가? (A) 흐리다. (B) 비가 온다. (C) 화창하다. (D) 바람이 분다.

26 When did the weatherman say the rain would start?

(A) In the late morning.

(B) In the early afternoon.

(C) In the early evening.

(D) In the late evening.

나쁜 해설 문제의 key words인 'rain'이 들릴 때 집중하면 알 수 있는데, 'From early afternoon, however, heavy clouds will bring in moderate rains, ~'에서 'early afternoon'이 정답 선택문항에 그대로 나왔습니다.

정답 (B) 해석 일기예보관은 언제부터 비가 내릴 것이라고 했는가? (A) 아침 늦게. (B) 오후 일찍. (C) 저녁 일찍. (D) 저녁 늦게.

27 What did the man recommend to his listeners?

(A) To wear thick clothes.

(B) To put on high boots.

(C) To carry an umbrella.

(D) To stay indoors all day.

나쁜 해설 마지막 부분 'So be sure to wear some nice thick clothes to keep you warm ~'에서 두꺼운 옷을 입으라고 말하고 있습니다.

정답 (A) 해석 남자가 청취자들에게 권고한 것은 무엇인가? (A) 두꺼운 옷을 입어라. (B) 긴 장화를 신어라. (C) 우산을 휴대하라. (D) 하루 종일 실내에 있어라.

TALKS

(MP3) 78 주로 어떤 제품이나 주의사항에 대한 설명, 업무절차나 회사의 새로운 행사, 방침 등에 대한 안내, 방송 프로그램 소개 등의 내용들을 들려줍니다. 질문이 간단명료하기 때문에 역시 문제와 선택문항을 미리 잘 파악하고 들으면 어렵지 않게 해결할 수 있습니다.

Questions 28-30 refer to the following talk.

The company is installing your telephone messaging system. So beginning next week, the operators won't take messages anymore. Instead, you will each have a voice mailbox that will take messages when you're away from your desk. That means you'll have to record an announcement that callers hear when you don't answer your phone. We'll have a training session tomorrow to explain how to do that. You'll receive a memo later today telling you which session to attend. You'll find the voice mail system is a very efficient system, but it also needs a great deal of responsibility on your part. In particular, it is important to regularly check your voicemail, and respond immediately to voicemail messages—particularly to client voicemail messages. You might also want to leave your cell phone number on your voicemail message, to allow clients with urgent matters to contact you directly.

해석 지금 회사에서 여러분의 전화 메시지 시스템을 설치하고 있습니다. 따라서 다음 주부터는 교환원들이 더 이상 메시지를 받지 않습니다. 대신에 여러분들이 자리를 비울 때 메시지를 받아 줄 음성 메일박스를 각자 가지게 됩니다. 그러므로 여러분이 전화를 받을 수 없을 때 전화 건 사람이 들을 수 있는 안내 메시지를 여러분들이 녹음하셔야 합니다. 안내 메시지 녹음방법을 설명하는 교육이 내일 있을 예정입니다. 여러분들이 어느 교육에 참가해야 하는지 알려주는 메모를 오늘 오후에 받게 될 겁니다. 이 음성 메일 시스템이 참으로 효율적인 시스템이라는 것을 아시게 될 겁니다. 하지만 또한 여러분들에게도 많은 책임감이 요구됩니다. 특히, 음성 메일을 정기적으로 확인하고 남겨진 음성 메일 메시지, 특히 고객이 남긴 음성 메일 메시지에 즉시 답신하는 것이 중요합니다. 또한 급한 문제가 생겼을 때 고객이 바로 여러분에게 연락할 수 있도록 여러분의 휴대전화번호를 음성 메일 메시지에 남기는 것도 좋습니다.

28 What is the purpose of the talk?

(A) To announce a relocation of the main office.

(B) To explain a new pay system.

(C) To explain the new telephone system.

(D) To introduce a new operator.

나쁜 해설 👾 첫 문장인 'The company is installing your telephone messaging system.' 에서부터 전반에 걸쳐서 새로운 전화 시스템에 대한 설명이라는 것을 알 수 있습니다.

정답 (C) **해석** 이 설명문의 목적은 무엇인가? (A) 본사 이전을 알리기 위해서, (B) 새로운 급여제도를 설명하기 위해서, (C) 새로운 전화 시스템을 설명하기 위해서, (D) 새로운 교환원을 소개하기 위해서.

29 What are employees told to do?

(A) Record a message for callers.

(B) Meet with the operators.

(C) Do not stay away from their desk.

(D) Submit the report as soon as possible.

나쁜 해설 👾 네 번째 문장인 'That means you'll have to record an announcement that callers hear when you don't answer your phone.' 에서 당부 받은 내용을 알 수 있습니다.

정답 (A) **해석** 직원들은 무엇을 하라고 당부를 받는가? (A) 전화 건 사람이 들을 메시지를 녹음하라, (B) 교환원들과 만나라, (C) 자리를 비우지 마라, (D) 가능한 한 빨리 보고서를 제출하라.

30 When will the training session take place?

(A) Today.

(B) Tomorrow.

(C) Next week.

(D) Next month.

나쁜 해설 👾 다섯 번째 문장인 'We'll have a training session tomorrow to explain how to do that.' 에서 정답이 그대로 나옵니다.

정답 (B) **해석** 교육은 언제 있을 것인가? (A) 오늘, (B) 내일, (C) 다음 주, (D) 다음 달.

INSTRUCTIONS & INFORMATION

주로 제품의 사용설명이나 회사직원들에게 내리는 업무지시, 새로운 업무절차 등을 설명하는 유형입니다. 질문의 내용이 구체적이고 정답이 단순하게 노출되기 때문에 문제와 선택문항을 미리 파악하고 정답이 들릴 때 바로 바로 선택하는 집중력과 순발력이 중요합니다. 전체 내용을 알아듣지 못해도 문제에서 요구하는 부분에만 집중하면 쉽게 해결할 수 있으니까요.

Questions 31-33 refer to the following instructions.

Good afternoon everyone! You have just received a copy of the new production schedule for our factory's latest orders. I want all of you to take a good look at the changes in our schedule so that there won't be any confusion. Please read your copies carefully and take note of the days that you will be required to work extra hours. Also, I need 20 volunteers to work a double shift on the days indicated. For your information, those who work a double shift will be paid a 20 percent premium on top of the usual overtime rate. Anyone who decides to volunteer for a double shift on the dates indicated can see me later after work. Are there any questions? Well, if there's none, let's all go back to work. Thanks, everyone!

해석 여러분, 안녕하십니깨 방금 여러분께 우리 공장의 최근 주문과 관련해서 생산일정이 새로 적힌 책자를 나눠드렸습니다. 모두 일정변경 사항을 자세히 봐주셔서 혼동이 없기를 바랍니다. 책자를 자세히 읽어보시고 여러분이 초과근무를 해야 하는 날짜에 주목해주세요. 또 표시된 날짜에 2교대근무 자원자 20명도 필요합니다. 자세한 사항을 알려드리자면, 2교대근무를 하시는 분들에게는 기본 초과근무수당의 20퍼센트를 더 지급해드릴 것입니다. 표시된 날짜에 2교대근무를 할 의향이 있으신 분들은 업무가 끝나고 저를 찾아와 주시기 바랍니다. 더 궁금하신 점 있습니까? 자, 없으면 모두들 작업장으로 돌아갑시다. 여러분, 고맙습니다!

31 For whom are these instructions?

(A) The job applicants.

(B) The plant workers.

(C) The plant managers.

(D) The company clients.

나쁜 해설 🔊 이와 같이 '대상' 을 묻는 문제는 대부분 첫 부분에서 정답이 나옵니다. 지문 전체에서 많은 힌트를 주고 있지만 첫 부분 'You have just received a copy of the new production schedule for our factory's latest orders.' 에서 이미 '공장근로자들' 을 대상으로 하고 있음을 쉽게 알 수 있습니다.

정답 (B) **해석** 누구에게 하는 지시인가? (A) 구직자들. (B) 공장근로자들. (C) 공장장들. (D) 회사고객들.

32 What are the instructions about?

(A) New product design.

(B) New office policies.

(C) New work schedules.

(D) New equipment in the factory.

나쁜 해설 🔊 이와 같이 '주제' 를 묻는 문제도 대부분 첫 부분에서 정답이 나옵니다. 두 번째 문장과 세 번째 문장의 '~ a copy of the new production schedule ~.' 과 '~ look at the changes in our schedule ~.' 등에서 '새로운 근무일정' 에 대한 내용임을 반복해서 알려주고 있습니다.

정답 (C) **해석** 무엇에 관한 지시인가? (A) 신제품 디자인. (B) 새로운 회사방침. (C) 새로운 근무일정. (D) 새로 도입한 공장기계.

33 **What are the volunteers for a double shift asked to do?**

(A) Meet the speaker later.

(B) Phone the speaker tomorrow.

(C) Sign up right now.

(D) Make a written form.

나쁜 해설 문제를 미리 파악하고 key words인 'volunteers for a double shift'에 집중하면 쉽게 알 수 있는데요. 'Anyone who decides to volunteer for a double shift on the dates indicated can see me later after work.' 에서 업무 후에 만나자고 한 것을 알 수 있습니다.

정답 (A) **해석** 2교대근무 자원자는 어떻게 하라고 당부하는가? (A) 나중에 화자를 만나라. (B) 내일 화자에게 전화하라. (C) 지금 바로 서명하라. (D) 서면으로 신청하라.

SPEECHES

 80

1년에 2~3회 정도 출제되므로 빈도는 아주 낮은 편에 속합니다. 주로 세미나, 회의, 기념식, 시상식, 이사회 등에서 경영자의 연설이나 수상자의 수상소감, 기념식사 등이 출제됩니다. 연설하는 사람이나 듣는 대상의 신분, 회사의 사업분야나 행사의 목적 등 기본적인 내용들만 묻기 때문에 기본적인 맥락만 파악하면 쉽게 문제를 해결할 수 있습니다. 역시 문제와 선택문항을 미리 파악하고 지문을 듣는 것이 문제해결에 매우 유리합니다.

Questions 34-36 refer to the following speech.

Good afternoon. Thank you all for coming tonight. This banquet is to celebrate our company's great success for the last decade. Since it was established 10 years ago, our company has grown rapidly and become a leader in the telecommunication industry. I'm sure our success owes a lot to your dedication and hard work. Especially, the record high profits we had last year were amazing. As CEO of this company, I'd like to celebrate our incredible success with you and share with you even greater vision for another decade. Enjoy yourselves tonight. Thank you.

해석 안녕하십니까. 오늘밤에 와주신 여러분 모두에게 감사드립니다. 이 연회는 지난 10년간 우리 회사가 거둔 대단한 성공을 축하하기 위한 자리입니다. 10년 전에 창립한 이후 우리 회사는 급속도로 성장하여 전자통신업계의 선두주자가 되었습니다. 우리 회사가 이렇게 성공하게 된 것은 여러분들이 헌신적으로 열심히 일해주신 덕분이라고 믿고 있습니다. 특히, 작년에 우리가 거둔 기록적인 고수익은 실로 놀라운 일이었습니다. 이 회사의 최고경영자로서 우리가 거둔 대단한 성공을 여러분과 함께 축하하고 또한 앞으로의 10년을 위한 보다 더 큰 비전을 여러분과 함께 나누고 싶습니다. 오늘밤 즐거운 시간 보내시기 바랍니다. 감사합니다.

34 **How long has the company been in business?**

(A) 1 year.

(B) 5 years.

(C) 10 years.

(D) 20 years.

나쁜 해설 'Since it was established 10 years ago, our company has grown rapidly and become a leader in the telecommunication industry.' 에서 분명히 알 수 있으며, 그 외 'for the last decade'나 'another decade' 등에서도 회사가 설립된 지 10년이 됐음을 말해주고 있습니다.

정답 (C) **해석** 회사가 생긴 지 얼마나 되었는가? (A) 1년. (B) 5년. (C) 10년. (D) 20년.

35 Who is the speaker?

(A) An executive.

(B) An investor.

(C) A sales representative.

(D) An analyst.

나쁜 해설 🔊 'As CEO of this company, I'd like to celebrate our incredible success ~' 에서 화자의 신분이 드러나는데요, CEO를 정답 선택문항에서는 'executive' 로 바꿔 표현하고 있습니다.

정답 (A) **해석** 화자는 누구인가? (A) 중역. (B) 투자자. (C) 판매사원. (D) 분석가.

36 To whom does the speaker attribute their success?

(A) Employees.

(B) Investors.

(C) Customers.

(D) CEO of the company.

나쁜 해설 🔊 지문 전체에서 드러나지만 특히 'I'm sure our success owes a lot to your dedication and hard work.' 에서 직원들 덕분이라고 밝히고 있습니다.

정답 (A) **해석** 화자는 성공을 누구 덕택이라고 하는가? (A) 직원들. (B) 투자자들. (C) 고객들. (D) 회사 최고경영자.

• Direction은 생략합니다.
• 정답은 189쪽에서 확인, 스크립트와 해설은 홈페이지(www.dobedobe.com) 자료실에 있습니다.

71. According to the announcement, why should employees visit the security office?

(A) To show the identification badge.
(B) To check the security system.
(C) To install a new gate.
(D) To pick up an identification badge.

72. What was recently installed?

(A) A computer system.
(B) A fire alarm.
(C) A parking area gate.
(D) A filing system.

73. How late is the parking lot open on Friday?

(A) By 3 p.m.
(B) By 7 p.m.
(C) By 8 p.m.
(D) By 9 p.m.

74. What is the main purpose of the information?

(A) To sell the paint products.
(B) To advertise new safety glasses.
(C) To introduce a new technology.
(D) To describe the procedures for the tour.

75. What kind of site is being toured?

(A) An art museum.
(B) A paint factory.
(C) A clothing factory.
(D) A construction site.

76. When should listeners ask their questions?

(A) When entering the production area.
(B) While explaining the procedures.
(C) Before putting on safety glasses.
(D) After leaving the factory floor.

77. What has changed at the bank?

(A) The hours of business.
(B) The location of the bank.
(C) Interest rates of savings account.
(D) Loan policy of the bank.

78. What should the callers do to speak with a customer-service representative?

(A) Call another number.
(B) Visit the bank.
(C) Enter the account number.
(D) Hold the line.

79. What number should the callers press to hear the message again?

(A) 7.   (B) 8.
(C) 9.   (D) 0.

80. What does the speaker suggest?

(A) The lodge is quiet.
(B) The lodge is very new.
(C) The lodge has many restaurants.
(D) The lodge is in the city.

GO ON TO THE NEXT PAGE

81. What is the minimum nightly rate at Lark Lodge?

(A) $45.
(B) $55.
(C) $65.
(D) $75.

82. Which of the following activities is NOT mentioned?

(A) Swimming.
(B) Fishing.
(C) Gliding.
(D) Hiking.

---

83. What is announced by the speaker?

(A) Cancellation of the flight.
(B) A change in the departure gate.
(C) Tightened airport security.
(D) A delay in the plane's departure.

84. What does the speaker request the listeners to do?

(A) To transfer to another flight.
(B) To wait for the next available flight.
(C) To book a flight with another airline.
(D) To cooperate for the security check.

85. When will the passengers board the plane?

(A) In 10 minutes.
(B) In 20 minutes.
(C) In 30 minutes.
(D) In 40 minutes.

86. For whom is the broadcast mainly intended?

(A) Car drivers.
(B) Traffic officers.
(C) Parade-goers.
(D) Local officials.

87. What are the listeners encouraged to do?

(A) Travel early in the afternoon.
(B) Refrain from staying outdoors.
(C) Watch the anniversary parade.
(D) Use a different route.

88. How often is this report broadcast?

(A) Every day.
(B) Every two hours.
(C) Every hour.
(D) Every thirty minutes.

---

89. What are the listeners doing?

(A) Attending a banquet.
(B) Designing a museum.
(C) Participating in a seminar.
(D) Taking a guided tour.

90. What does the speaker say about lunch?

(A) It will last an hour and fifteen minutes.
(B) Sandwiches will be offered.
(C) Reservations must be made in advance.
(D) They will eat lunch in the museum.

91. What time is this talk taking place?

(A) 11:30 a.m.
(B) 12:15 p.m.
(C) 1:00 p.m.
(D) 1:30 p.m.

---

92. How long will the photographer be at the company?

(A) For two days.
(B) For three days.
(C) For four days.
(D) For five days.

93. What are volunteers asked to do?

(A) Contact the speaker.
(B) Fill out an application form.
(C) Visit the photographer's office.
(D) Meet the customers.

94. Why will the report include employee pictures?

(A) To celebrate the company's anniversary.
(B) To identify employees.
(C) To impress customers.
(D) To enter a photo contest.

---

95. Where can a shipping form be obtained?

(A) From the shipment officer.
(B) From the front desk counter.
(C) From the customer service booth.
(D) From the captain of the ship.

96. What will the shipment officer do?

(A) Certify the shipping form.
(B) Mail the shipping form.
(C) Wrap the package.
(D) Deliver the package.

97. What should the sender do with the copy of the shipping form?

(A) Attach it to the shipment.
(B) Submit it to the front desk.
(C) Keep it together with the invoice.
(D) Send it to a customer service clerk.

---

98. What is the purpose of Dr. Joseph Tan's call?

(A) To invite a professor.
(B) To accept an invitation.
(C) To confirm a theory.
(D) To discuss a business.

99. What had Professor Jackson asked Dr. Tan to do?

(A) Wait for his call.
(B) Give a proposal.
(C) Go to Chicago.
(D) Do a presentation.

100. Where will Dr. Tan be next Tuesday?

(A) In Chicago.
(B) In New Orleans.
(C) In Toronto.
(D) In New York.

PART Ⅳ는 이렇게 공략하라!

1. Direction이 나오는 동안 문제와 선택문항을 최대한 많이 읽어라.

2. 첫 부분과 마지막 부분이 가장 중요하다.

3. 「주어＋동사＋목적어」의 기본적인 사항에만 집중한다는 마음으로 들어라.

4. 놓친 문제에는 절대로 미련을 갖지 말아라.

5. 정답이 나오면 답안지에 바로 표기하지 말고 일단 시험지에만 표시하라.

6. 만약 문제를 읽지 못했는데 지문이 들릴 때는 듣는 것에만 집중하라.

7. Listening Test가 다 끝나면 신속하게 Part 3와 Part 4의 정답을 답안지에 옮겨라.

PART 1 모의테스트 (1)	**PART 2** 모의테스트 (의문사)	**PART 2** 모의테스트 (일반)	**PART 3** 모의테스트 (1)	**PART 3** 모의테스트 (2)	**PART 4** 모의테스트
1 B	**11** A	**11** A	**41** B	**41** C	**71** D
2 D	**12** C	**12** C	**42** A	**42** B	**72** C
3 B	**13** A	**13** C	**43** B	**43** A	**73** C
4 C	**14** C	**14** C	**44** C	**44** D	**74** D
5 C	**15** B	**15** A	**45** A	**45** B	**75** B
6 B	**16** C	**16** B	**46** D	**46** A	**76** D
7 A	**17** C	**17** C	**47** C	**47** C	**77** A
8 B	**18** A	**18** C	**48** D	**48** A	**78** A
9 C	**19** B	**19** A	**49** D	**49** B	**79** D
10 A	**20** C	**20** A	**50** C	**50** B	**80** A
	21 C	**21** B	**51** D	**51** C	**81** D
PART 1 모의테스트 (2)	**22** B	**22** B	**52** D	**52** B	**82** C
	23 A	**23** A	**53** D	**53** D	**83** B
1 D	**24** A	**24** B	**54** D	**54** D	**84** D
2 B	**25** C	**25** B	**55** A	**55** A	**85** C
3 B	**26** B	**26** C	**56** C	**56** B	**86** A
4 A	**27** B	**27** B	**57** A	**57** C	**87** D
5 B	**28** B	**28** A	**58** C	**58** D	**88** C
6 C	**29** A	**29** B	**59** A	**59** D	**89** D
7 A	**30** B	**30** B	**60** B	**60** C	**90** A
8 B	**31** B	**31** A	**61** D	**61** C	**91** B
9 B	**32** B	**32** C	**62** D	**62** D	**92** B
10 C	**33** C	**33** C	**63** A	**63** A	**93** A
	34 C	**34** B	**64** C	**64** A	**94** C
	35 A	**35** A	**65** B	**65** B	**95** B
	36 A	**36** B	**66** C	**66** A	**96** A
	37 B	**37** C	**67** B	**67** B	**97** C
	38 C	**38** A	**68** D	**68** D	**98** B
	39 B	**39** B	**69** A	**69** B	**99** D
	40 B	**40** C	**70** A	**70** C	**100** B

ANSWER SHEET

No.

수험번호

성 명 한글

한자

LISTENING (Part I~IV)

READING (Part V~VII)

시험 보기 10분 전 메모리 카드

PART 1
- 문제가 들리기 전에 사진을 미리 살펴보라.
- 사진에 없는 사람이나 사물이 들리는 선택문항은 오답이다.
- 유사발음에 유의하라.
- 무언가를 착용하고 있거나 휴대하고 있으면 주목하라.
- wear(상태)와 put on(동작)을 구별하라.
- 위치표현에 주목하라.
- 줄지어 있는 사진에서는 row나 line을 기대하라.
- '동작' 사진은 100% '현재진행' 시제가 정답, '상태' 사진은 대부분 '현재완료'나 '현재' 시제가 정답이다.
- all, everyone 등을 사용하는 선택문항은 대부분 오답이다.

PART 2
의문사로 시작하는 의문문
- 의문사로 시작하는 질문은 Yes나 No로 대답할 수 없다.
- 맨 앞의 의문사를 절대로 놓치지 말아라.
- 정답으로만 쓰이는 표현은 따로 있다.
- 질문에서 들은 어휘와 같거나 유사한 발음이 들리면 오답이다.
- 불완전한 구조의 선택문항이 대부분 정답이다.
- 오답을 제거하면 정답이 나온다.

일반 의문문
- Yes나 No로 대답할 수 있지만 '모르겠다' 혹은 대체 표현으로 대답할 수도 있다.
- 정답으로만 쓰이는 표현은 따로 있다.
- 맨 앞의 세 단어에 집중하라.
- 질문에서 들은 어휘와 같거나 유사한 발음이 들리면 오답이다.
- 오답을 제거하면 정답이 나온다.
- 도로 되묻는 반문형의 선택문항은 대부분 정답이다.

PART 3
- 대화가 들리기 전에 반드시 문제를 읽어두어라.
- 대화 도중에 정답이 나오면 바로 선택하라.
- key words만 들으면 된다.
- 대화 중에 나온 key words를 바꿔서 표현(paraphrase)한 선택문항이 정답이다.
- 질문에 나오는 화자가 하는 말에 집중하라.
- 첫 문장과 마지막 문장을 놓쳐서는 안 된다.
- But, No, Actually, So 뒤에 나오는 말은 대부분 정답이거나 결정적인 단서다.

- 숫자, 날짜, 요일, 사람 이름 등 같은 종류의 선택문항으로 구성된 문제는 정답이 들릴 때 바로 선택하라.
- 놓친 문제나 지나간 문제에 절대 미련을 갖지 말아라.
- 일단 시험지에 표기해두고, Listening Part가 다 끝난 후 한꺼번에 답안지에 옮겨라.

PART 4
- Direction이 나오는 동안 문제와 선택문항을 최대한 많이 읽어라.
- 첫 부분과 마지막 부분이 가장 중요하다.
- 「주어+동사+목적어」의 기본적인 사항만 집중하며 들어라.
- 놓친 문제에는 절대로 미련을 갖지 말아라.
- 정답이 나오면 답안지에 바로 표기하지 말고 일단 시험지에만 표시하라.
- 만약 문제를 읽지 못했는데 지문이 들릴 때는 듣는 것에만 집중하라.
- Listening Test가 다 끝나면 신속하게 Part 3와 Part 4의 정답을 답안지에 옮겨라

Part 2 급소 총정리

PART2에서 들리면 대부분 정답인 표현들
- Not that I'm aware of. = Now that I know of.
- '모른다' 종류의 대답들
- I don't know. = I have no idea. = I'm not sure. / I am sorry, ~ / I[They] haven't decided yet. / She[He] hasn't decided yet. / It hasn't been decided yet. / I can't decide. / It's not my decision. / It hasn't been confirmed yet. / I haven't been told yet. = I haven't heard yet.
- Just가 들리는 선택문항은 대부분 정답이다.
- Probably ~나 Perhaps ~로 시작하는 선택문항은 대부분 정답이다.
- Actually, ~으로 대답하는 선택문항은 대부분 정답이다.
- Only if ~ / Only when~으로 대답하는 선택문항은 대부분 정답이다.
- I'd rather ~ / I'd prefer to ~으로 대답하는 선택문항은 대부분 정답이다.
- 도로 되묻는 '반문형'의 선택문항은 대부분 정답이다.

의문사 의문문 정답공식
How
- How much ~?는 '숫자'나 Let me check ~.가 들리면 정답이다.
- How long ~?은 「(for)+기간」,「Since+과거시점」이 들리면 정답이다.
- How often ~?은 '~마다'와 같은 '빈도'가 들리면 정답이다. (Twice a week / Three times a week / Every week / Every month / Every other day = Every two days / Whenever

~[Whenever I can / Whenever it is necessary])
- How soon ~? / How late ~?은 「by/until+시간 표현」이 들리면 정답이다.
- How far ~?는 ~kilometers/~miles/~blocks away/Not that far/Not much further가 들리면 정답이다.
- How many+명사 ~?는 '그 명사의 숫자'가 정답이다.
- How many times ~?는 once/twice/three times 등의 '횟수'가 나오면 정답이다.
- How do[did] you like ~?는 '형용사'가 들어간 선택문항이 정답이다.
- How would you like to do ~?는 '동의'나 '수락'을 나타내는 '형용사'가 들리면 정답이다.
- That would be great[nice, fantastic]. / I'd be delighted[happy, pleased] to. = I'd love to. / That sounds good[great]. = That's a good[great] idea. / I like it very much.
- How[What] about~?은 'Sounds good[great]. / That would be nice[great]. / That's a great idea나 I'm afraid ~ / I'm sorry ~ / I'd like to ~ / I wish I could, but I can't ~ / Let's ~가 들리면 정답이다.
- How ~ get to ~?와 How ~ be transported?는 '교통수단'이나 '길'이 들리면 정답이다.
  → bus/taxi/car/plane[by air]/train/(by) ship[boat] 등의 '교통수단' 혹은 ~street / ~avenue 등의 '길'
- How did ~ go?는 '결과'를 말하는 '형용사'가 들어간 선택문항이 정답이다.
- How do you feel about ~?은 '의견'이나 '생각'을 말하는 것이 정답이다.

Why
- '이유'를 묻는 일반적인 Why ~? 문제는 'To V ~/in order to V ~/For+명사/So+S+can[may]+V ~가 들리면 정답이다.
- '제안'이나 '권유'를 나타내는 Why don't we ~?/Why don't you ~?/Why don't I ~?는 다음 표현이 들리면 정답이다.
  ① '동의' 대답 → That sounds good[great]! = That's a great[good] idea! = What a great idea! = That'd be nice[great]! / Sure. = Of course. / Alright. / That would work out well for me. / I think I will. / (Yes,) We can do that. / (Thanks) I'd love to. = I'd be happy to. / It's OK with me. = It's fine with me. / I'm willing if ~ / Yes, I think I might. / I'd appreciate that.
  ② '거절' 대답 → I don't think I can = I can't. / Unfortunately, I have other plans. / I have a previous appointment. / Thanks, but ~. / I'm sorry, but ~. / I'd like to, but ~. / I'm afraid not. = I'm afraid ~. / No, thanks. / Thanks, but ~.
  ③ Because가 들리면 무조건 오답이다.

When, Where
- When+현재/미래 시제동사 ~?는 「in+시간」/「next+시간」이 들리면 정답이다.

- When+과거시제 동사 ~?는 ~ago나 「last+시간」이 들리면 정답이다.
- 시제에 관계없이 When ~? 문제에서 Not until~/Not for~/When~/While~/As soon as~/Before~/After~/Until~가 들리면 정답이다.
- Where ~?는 「in/at/on+장소」와 같은 '장소'가 들리면 정답이다.

What
- What time ~?는 「(at)+시각」이나 「by+시각」이 들리면 정답이다.
- What+명사 ~?는 명사의 '종류나 이름'을 대는 것이 정답이다.
- What percent ~? 문제는 '숫자'가 들리면 정답이다.
- What's the fastest[best] way to ~?는 '교통수단'이나 '길'이 들리면 정답이다.
  → bus/taxi/car/plane[by air]/train/(by) ship[boat] 등의 '교통수단' 혹은 ~street / ~avenue 등의 '길'
- What's ~ like?는 '형용사'가 들리면 정답이다.
- What's ~ about?는 절이 아닌 '명사(구)'가 들리면 정답이다.
- What's your opinion of ~? / What do you think of[about] ~? / What's your impression of ~?는 '형용사'나 '부사'가 들리면 정답. 특히 형용사 reasonable이 들리면 무조건 정답이다.
- What are your plans for ~?는 I'm -ing나 I will ~가 정답이다.
- What should I[we] do ~?는 '명령문'이 들리면 정답이다.
- What kind[type] of work do you do?는 '직업'이나 '직종'이 들리면 정답이다.
- What's the estimate ~?는 '숫자'가 들리면 정답이다.

기타 의문문
- Which로 시작하는 의문문은 (the) one이 들리면 정답이다.
- Who로 시작하는 의문문은 '사람 이름, 직함, Someone from[in] ~, I, We, You' 등의 대명사와 같은 사람이나 회사나 부서 등의 이름이 들리면 정답이다.

일반 의문문에서 정답으로 자주 사용되는 표현
- Yes/No, but~으로 시작하는 선택문항은 대부분 정답이다.
- 일반 의문문에서 'Yes' 대신에 자주 정답으로 사용하는 표현
- I think so. = I guess so. = I suppose so. / I hope so. / Sure. = Of course. = Certainly. = Absolutely. = Definitely. = Without a doubt. = You bet. / You're right. / That's true. / Go ahead. = Help yourself. = Suit yourself. = Be my guest. = By all means. / I'd love to. / I'd like to. / I'd be glad to. = I'd be happy to. / I'd be pleased to. / If you don't mind. = If you wouldn't mind. / I don't mind if I do.
- 일반 의문문에서 No 대신 자주 정답으로 사용되는 표현
- Not that I'm aware of. = Not that I know of. / I'm afraid ~ / I'm sorry ~ / Not at all. / Not yet. / Never.
- 중간적인 대답으로 자주 정답으로 사용되는 표현
- Actually, ~ / Not really. = Not necessarily. / Well, ~
- 'A or B?' 선택의문문은 either, whichever, whatever, both, each, neither가 들리면 정답이다.
- 'A or B?' 선택의문문은 원칙적으로 'Yes/No'로 대답할 수 없다.